利息生活で老後を楽しむ！

“米国債・ドル建て社債”の教科書

老後資産
相続対策
退職金運用

～ほうっておいても殖える資産運用術～

退職金ファイナンシャルプランナー（CFP）
YouTube【お金の学校】のとチャン先生
能登《のと》 清文《きよふみ》

13年前、康夫と健一は同じ会社を退職した。
第2の人生を楽しむぞ!
お前はいつも気楽だな。
康夫
健一
ハハハ
仕事熱心だった2人。老後は家族との時間を大切にし、旅行や趣味を楽しみたいと考えていた。
2人はお金の面でも堅実だった。退職金と持ち株会でコツコツ積み立てした老後資金をそれぞれ約5000万円ほど持っていた。
人生100年時代。おれは堅実にやっていくんだ。
お前らしいよ。

そんな2人が退職した会社のOB会で、10年ぶりに再開した。

久しぶり!

この間、家内と念願のハワイに行ってきたんだ。

おっ、いいねえ。

2人は共に人生を楽しんでいた。楽しみに使うお金は毎年200万円までと決めていたのも同じだった。年金額やふだんの生活費も同じようなもの。

ただ、2人の間で大きく大きく違っていたのは…老後資金の残高だった。

健一はこの10年で老後資金の
残高が2000万円減り、
3000万円になっていた。
康夫は、5000万円が
そのまま残っていた。
えっ!?
なんで!?
2人の間で
2000万円もの
違いをもたらしたもの、
それはお金の
活かし方の違いでした。

おれは、退職時の
資産5000万円を
大切に貯金したんだ。
そして、ふだんは年金で生活し、
旅行などの楽しみのために
預金から毎年200万円を
取り崩して使って…
当然、健一の預金は
10年で2000万円減った。
お前、この10年
どうしてたの？
おれは退職時の
5000万円で
ドル建て社債（利率5％）を
購入したんだ。

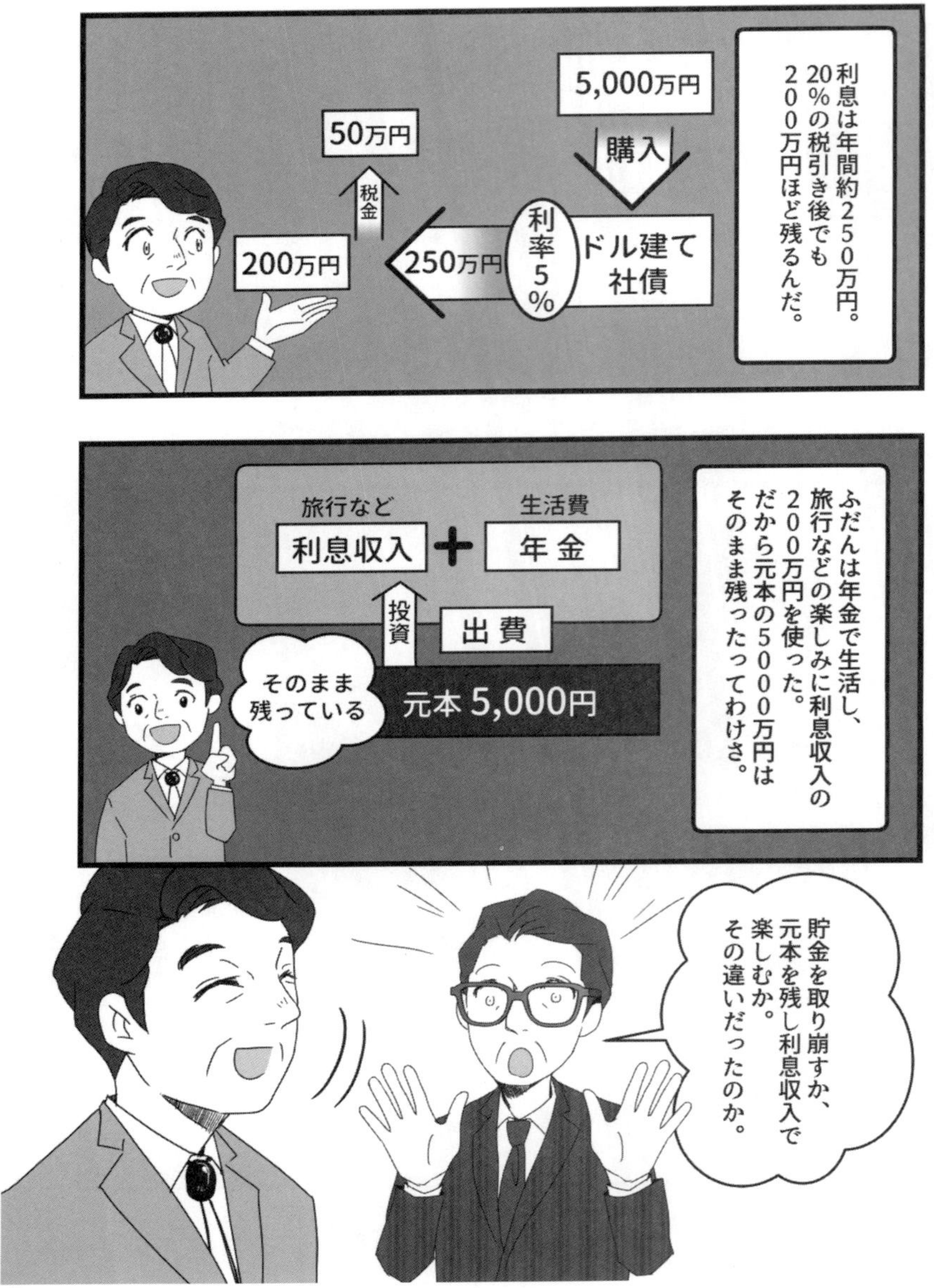
利息は年間約２５０万円。20％の税引き後でも２００万円ほど残るんだ。
5,000万円
購入
ドル建て社債
利率5％
250万円
税金
50万円
200万円
ふだんは年金で生活し、旅行などの楽しみに利息収入の２００万円を使った。だから元本の５０００万円はそのまま残ったってわけさ。
生活費
年金
旅行など
利息収入
出費
投資
元本 5,000円
そのまま残っている
貯金を取り崩すか、元本を残し利息収入で楽しむか。その違いだったのか。

お前、そのままでいいのか？
確かに。この差は時間が経てば経つほど広がるよな。
健一は自宅に戻り、妻と話した。
将来が心配で貯金に頼ったけれど、むしろリスクをしょい込んだようなもんだ。
貯金が目減りすると不安になって、老後の楽しみもセーブしちゃうわね。
うんうん

一方、康夫は利息収入しか
使っていない。
元本が減らないから
老後ずっと楽しめる。
万が一、あいつに
何かあっても資産は
子どもたちに残せる。
資産
ありがとう！
スタートは
同じだったのに、
この違いは
何なのかしら。
知っているか、知らないか。
あいつはしっかり
勉強していたんだな。
ドル建て社債というものを。
でも、わたしたちも
今からでも遅くないわよ。
ああ、
あとはアクションを
起こすだけだな。

はじめに

本書を手に取っていただき、ありがとうございます。

和の心を愛する人生100年時代のお金の専門家、ファイナンシャルプランナーの能登清文です。


日本では現在、政府主導で国民に投資を呼びかけています。

特に今年からは新NISAがスタートし、大きな話題になりました。

ある調査によると、新NISA制度の認知率は実に80％以上に及んでいます。しかし一方で、利用率は約24％にとどまっています。

やはり人生を賭けて必死に働き貯めた大切なお金です。

「資産運用は怖い！　銀行に貯金が一番確実だ！」

と慎重にお考えの方も多いのでしょう。


とはいえ、何も投資をせず日本円の預貯金を持っておけば安心かというと、決してそんなことはありません。
くわしくは本書内でご説明しますが、低金利の日本の預貯金では、資産を増やすことができません。

考えてみてください。メガバンク銀行の普通預金の金利は平均で0・02％です。1000万円を預けても年間2000円、月にして166円程度にしかなりません。対して、日銀がインフレ目標としているのは年間2％。本年度の消費者物価指数はすでにその目標を達成しています。

預貯金の額面は変わらなくても、物価が2％上がればその分、預貯金の「価値」が減ることになります。1000万円を預貯金で持っている人は、インフレ率2％で年間20万円、月にして16600円も預貯金の「価値」が失われるのです。
2％のインフレが10年続けば、単純計算で2％×10年＝20％、約200万円のマイナスです。預貯金で持っているだけでは、資金が殖えないどころか目減りする時代に入ったということです。

これは、現役世代はもちろんシニア層には死活問題です。

退職金や預貯金で用意した大切な老後資金が、どんどん目減りしてしまうのですから。

とはいえ、これまで投資経験のないシニア層が、株などのハイリスク投資で資産を増やせるかと言えばそれも難しいでしょう。

・シニア層でも失敗しない安心安全な投資があったらいいのに・・・
・投資からの利息で、安定的に年金の不足分を補えたらいいのに・・・

そんな投資先が、実はあるのです。

本書でご紹介する、米国債、ドル建て社債です。

しかも利回りも、米国債で4％前後、ドル建て社債で4~7％という魅力的な水準です。


「安心安全」という部分では、**債券は、購入時に利回りが確定し、保有期間中に価格が上下しても、満期時には額面100％で償還される「満期時額面保証」の商品**になります。

米国債の発行元は世界一の経済大国、米国です。また、私がご紹介するドル建て社債の発行元は、格付けの高い世界的な金融機関のみです。

また、**米国債は市況が荒れた時にこそ強みを発揮します。**

本書執筆中の2024年8月5日、日経平均株価は4400円超えという史上最大の下落幅を記録しました。20年以上、業界で相場を見ている私でも目を疑うような激しい値動きの一日でした。

この大幅下落を記録した日、**株や投資信託は全面安でしたが、米国債はやや上昇という結果でした。**米国の利下げにより、債券価格が上昇したことに加え、米国債は安定資産として相場急変時の資産逃避先になるからです。

また、ドル建て社債（私がお勧めした銘柄）も現状維持という結果で、ほとんど影響を受けませんでした。

このことから、米国債やドル建て社債は、投資初心者のシニア層にも安心してお持ちいただける堅実な資産運用のひとつとおわかりいただけるでしょう。

私は日本では数少ない「米国債・ドル建て社債」の専門家として活動してまいりました。8作目の著作となる本書では、シニア層の「退職金運用」「年金づくり」「資産運用」にフォーカスして、この「米国債・ドル建て社債」についてわかりやすく解説しています。

- 老後資金をどのように準備していけばよいのか
- 準備した老後資金を減らさずに使っていくにはどうすればよいのか
- どうすれば、老後に安心の利息収入を得られるのか

このようなことを、私のこれまでの著書をベースに、より「シンプル」にさらに「わかりやすく」お伝えすることを念頭に置いて執筆しました。

本書の内容をかんたんにまとめた動画もご用意しています。
お読みになる前にご覧いただけると理解が深まるかと思います。
http://www.q-life.co.jp/17255295672001

スマホから
はこちら

また「能登式　米国債・ドル建て社債」術の必須な部分を漫画にしたことで、まったくの初心者の方にも頭の中でイメージしやすいかと思います。

私の著書を既にお読みになっている読者の皆様にも、ぜひ復習を兼ねてお読みいただけますと幸いです。

人生100年時代、本書が皆様の幸福な後半生の一助になれば、これ以上の喜びはありません。

能登清文

本書では、特に注釈のない限り、**ドル円の為替は1ドル＝150円で計算**しています。また、本書内でご紹介する債券の**「利回り」**は**「最終利回り（これまで受け取った利息と償還益を合わせた最終的な利回り）」**を指すものとします。

※本書は、2023年に刊行した『世界一安心な〝米国債・ドル建て社債〟の教科書』能登清文／著（ごま書房新社）の内容を大幅に編纂、最新状況を加筆したものです。

◆目次◆

第1章 豊かで充実した老後のための「お金の貯め方、働かせ方」基礎知識

第2章 安定運用の定番「債券」を知ろう

第3章　コツコツ殖やす！　堅実で安定した「米国債」をはじめよう

第4章 高格付け企業を買って確定利回り！「ドル建て社債」を狙おう

第5章 「能登式・米国債&ドル建て社債のハイブリット運用」で生涯安心の資産づくり

序章

米国債・ドル建て社債運用で「豊かで安心な老後生活」を手に入れよう！

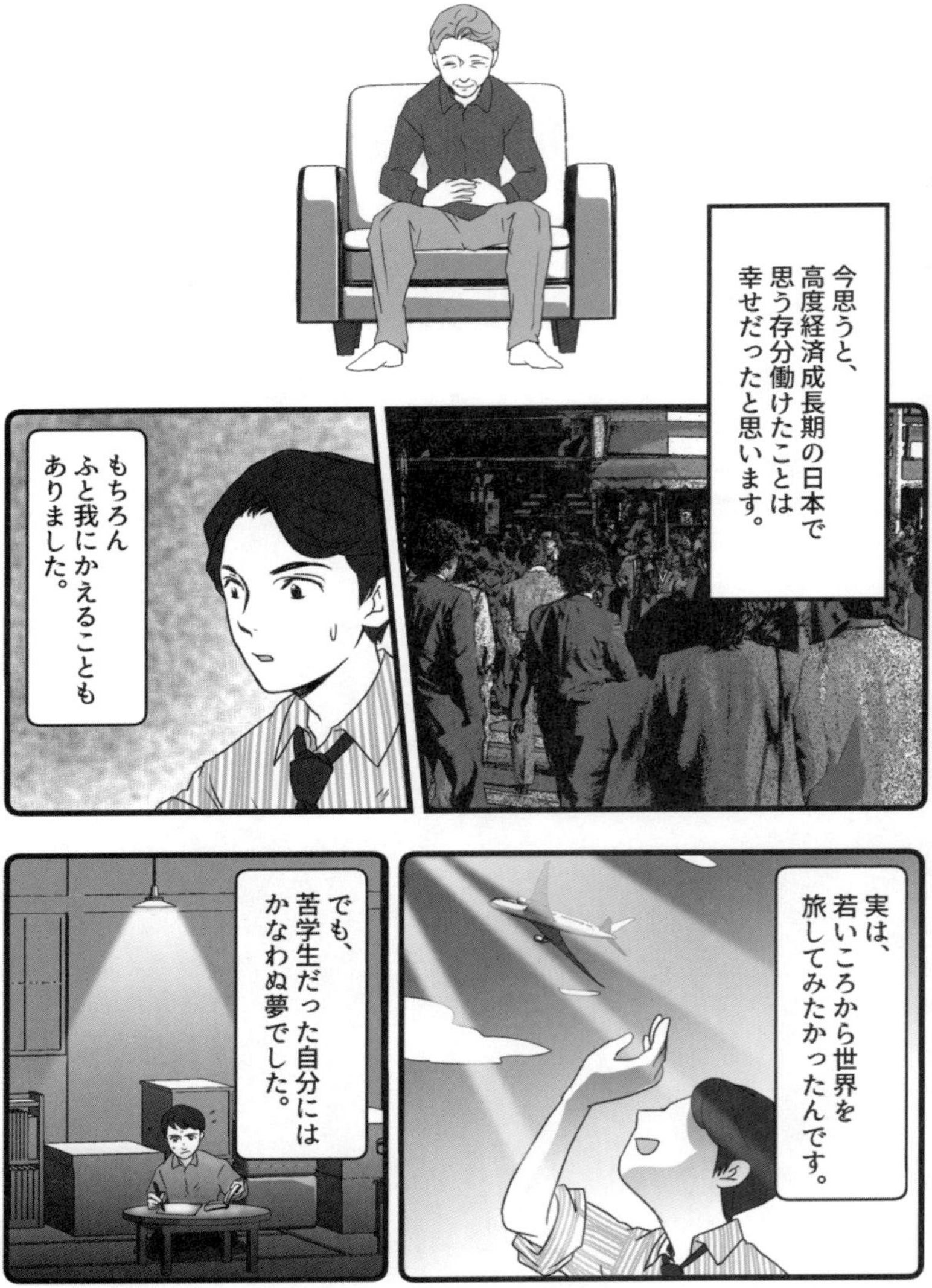
今思うと、
高度経済成長期の日本で
思う存分働けたことは
幸せだったと思います。
もちろん
ふと我にかえることも
ありました。
実は、
若いころから世界を
旅してみたかったんです。
でも、
苦学生だった自分には
かなわぬ夢でした。

せめて退職してからと、夢の実現を模索していました。
しかし、そのためだけに夫婦の老後資金を使ってしまうわけにもいきません。
あきらめかけていたとき、著書を通じて出会ったのが、お金の専門家の能登先生でした。
世界一安心な
"米国債・ドル建て社債"の教科書
能登《のと》 清文《きよふみ》
はじめての資産運用で損をしない!生涯安心の資産づくり
株 FX 投資信託 より断然手堅い!
YouTubeで大好評!金融業界20年の頼れるプロが教える!

その出会いのおかげで私は、退職してから毎年、海外旅行と短期留学の夢を叶えることができました。
訪れた国は、アメリカ、カナダ、フランス、ドイツ、スイス、イタリア、オーストリア、スウェーデン、ノルウェー、フィンランド、オーストラリア、ニュージーランド等々。
ニュージーランドの大学
I respect Kenji's attitude of studying at any age.
何歳になっても学ぶケンジを尊敬するよ。

“米国債・ドル建て社債”の教科書
能登 清文
これらの夢が実現できたのは、魔法でもなんでもありません。
ドル建て社債
能登先生の言う通り、私は退職金5000万円をドル建て社債に投資しました。
利息収入
しかも、その夢を叶えた資金はすべて利息収入です。

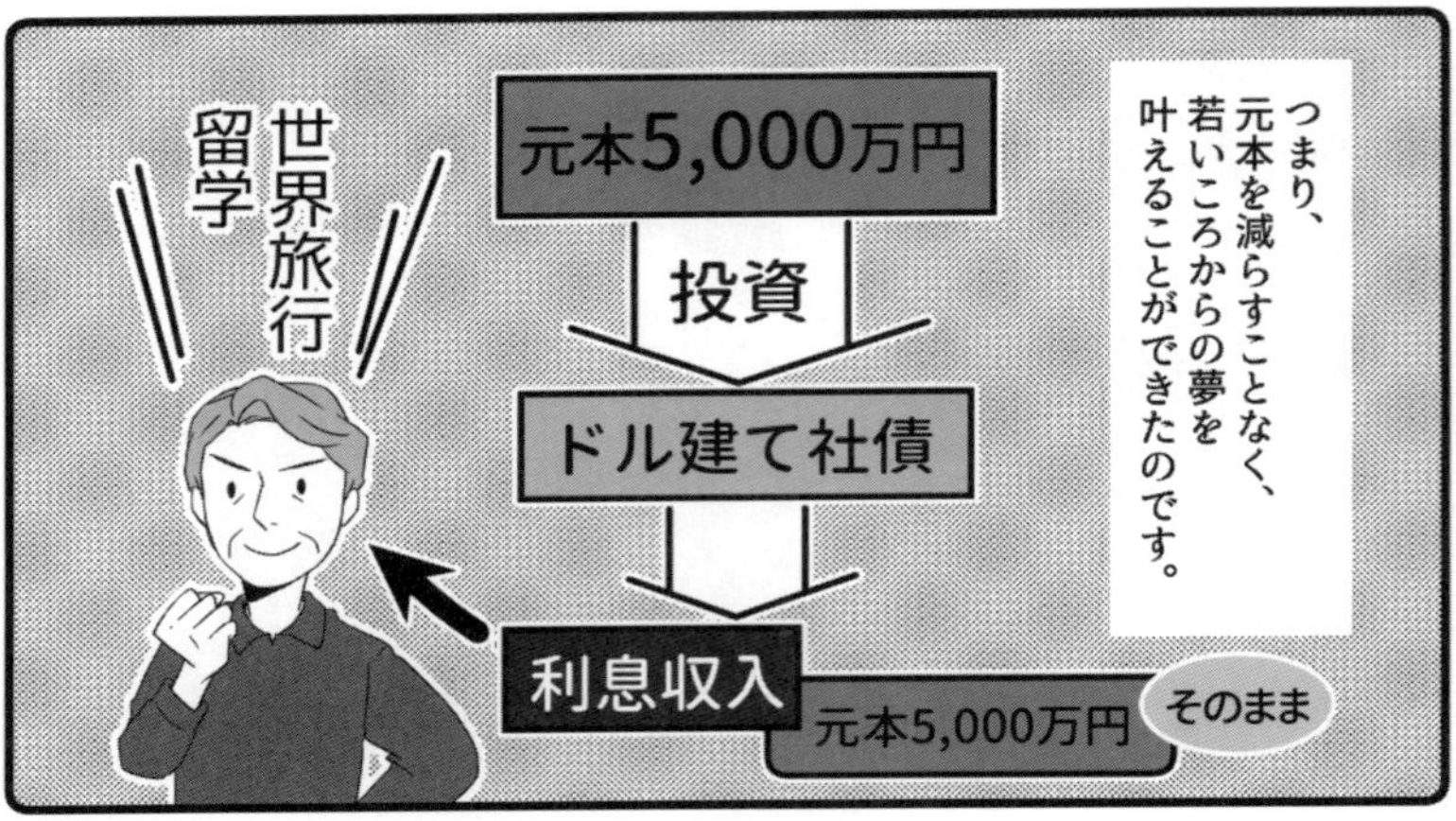
つまり、
元本を減らすことなく、
若いころからの夢を
叶えることができたのです。
元本5,000万円
投資
ドル建て社債
利息収入
元本5,000万円
そのまま
世界旅行
留学

能登先生、
本当にありがとう。

妻はまだ元気で
人生を謳歌しています。
相続できるドル建て社債は、
妻への最期の
プレゼントになりました。
ドル建て社債
お墓やお葬式の費用も
そこから捻出できました。
妻も大好きなハワイ、
趣味を楽しみながら、
ゆとりのある暮らしを過ご
しているようでなによりです。

いかがだったでしょうか。この漫画では、

○老後資金に貯めた貯金は思い切って使えない
○人は誰しも若い頃からの夢がある
○退職後に時間はできるがお金がないと楽しめない
○お金を働かせて、殖やす手段を知る
○資産運用をすると自分だけでなく遺された人の幸せも得られる

ことをご説明しています。

序章では、皆さんの老後をワクワクさせるための「資産のつくり方」についてお話ししていきます。

老後に世界一周、私たち世代では叶えたい夢ですよね！

日本の預貯金では資産価値を守れない

株価や為替相場の下落が起こると「投資は怖い」という論調が高まるのは仕方がないことですが、一方で「投資しないリスク」も考える必要があります。投資をせずに預貯金で資産を持っていれば安心かといえば、決してそんなことはありません。

日本はバブル崩壊以降30年の長きにわたってデフレ経済下にありました。デフレ下ではたとえ預貯金がゼロ金利でも、物価が下がるので預貯金の「価値」は実質的には殖えていたことになります。

しかしインフレとなればその逆です。仮に物価上昇率が2％なら、毎年2％ずつ預貯金の「価値」が減ることになります。

預貯金の金利が2％以上に上昇すれば預貯金の「価値」を維持できることになりま

すが、日本の経済状況を考えるとそこまでの利上げは難しい状況でしょう。

実際、2024年8月に日本政府が利上げを発表したニュースは市況に大きな衝撃を与えましたが、その金利はわずか0・25％にすぎません。

日本の預貯金では、預貯金の「価値」を守れない。その事実を直視する必要があります。

ドル資産に分散し、資産価値を守りながら殖やす！

そこで、私がかねてよりお勧めしているのは、日本円だけではなく、ドルでも資産を持つことです。その理由は大きくわけて3つあります。

1つ目は、資産を1国の通貨に偏らせないことによる、リスク分散効果。

2つ目は、ドル資産の生み出す利息により、資産を殖やせること。利息を楽しめること。

3つ目は、為替差益を狙えること。円安から資産を守ること。

通貨の価格はその国の国力を反映するものですが、日米の経済力や信用力、将来性などを比較した場合、やはり米国の方が圧倒的に強いことは否めません。現在の円安もその現れだと言えるでしょう。


ドル資産を持つ方法は複数ありますが、私は米国債と、高利回りのドル建て社債をお勧めしています。

債券とは、利回りがあらかじめ決められており、満期になれば額面100％で償還される「満期時額面保証」の金融商品です。発行元（米国債であれば、米国）が破綻しない限りは、購入時点でドルベースで利益が確定しますので、値動きに一喜一憂する必要がありません。

株・投資信託と比べると低リスクでありながら、米国の金利上昇を反映し米国債で約4％、ドル建て社債で4～7％というリターンが得られるのも魅力です。

「投資は怖い」とよく言われますが、一体何が怖いのでしょうか?

私なりにその怖さの正体を考えますと、損をすることはもちろん怖いですが、それに加え、日々変動する相場に対して、売ればよかった、買えばよかった、儲かった、損した、そんな判断と結果を常に突きつけられる、精神的な負担も怖いのだと思います。

債券投資であれば、発行元が破綻しない限り利回りは確定していますし、所有期間中は決まった利息を受け取るだけ。何もする必要がないので判断に伴う精神的な負担もありません。ただ、円換算した場合の為替リスクはありますので、その点については後ほど第3章のコラム（113ページ参照）でご説明します。

過去最大の大幅下落でも安心・安全だった米国債

米国債は低リスクだとお伝えしましたが、その真価は、相場が不安定な時こそ発揮されます。「〇〇ショック」と言われるような相場の大変動が起こった場合、米国債は安定資産として買われ価格が上昇する傾向にあるからです。

では2024年8月5日の大幅下落ではどうだったかというと、米国の利下げを反映して利回りが少し下がり、価格はやや値上がりしたという状況です。

しかし、今回の下落では、株式投資は大混乱、新NISAにも大きな影響を与えました。また、安定資産と言われるゴールド（金）まで売られましたので、その中で逆行高した米国債は、やはり安心安全な投資先だと言えるでしょう。

ドル建て社債についても、私のお勧めした銘柄はほぼ現状維持。今のところ大きな値下がりはありません。ただ、もし今後一時的に債券価格が下がることがあっても、債券は買った時点で利回りが確定していますので、満期までゆったり持てばよいだけ。何も動揺する必要はないのです。

シニアの資産運用に最適な米国債・ドル建て社債

私は、この米国債・高利回りドル建て社債をご紹介する動画をユーチューブチャンネル「のとチャン」https://www.youtube.com/@noto-chan でも日々配信しております。

ユーチューブは若者向けかと思っていたのですが、実際はシニア層からの反響が大きく、退職金や老後資金の運用について多くのご相談を頂いています。

メディアの取材依頼も増え、週刊ダイヤモンド誌（ダイヤモンド社）の「シニアの資産運用」特集でも、米国債・ドル建て社債投資を取り上げた記事に取材協力させていただきました。

この「シニアの資産運用」は、少子高齢化が進行している日本では、国の経済を左右する重要な課題となっています。

日本の金融資産のうち、60歳以上の世代が6割以上を保有していると言われていますが、その多くは銀行の預貯金として利息もつかず死蔵されているのが現状です。

老後資金として蓄えがあっても、長生きリスクや将来を思えば怖くて使えないというシニアが多いのです。

もしこのお金を、米国債やドル建て社債で運用すればどうでしょうか。

前述のように、債券は満期まで持てば額面で戻ってくる日本人の好きな「元本保証」に近い側面もある金融商品です。

使っても元本が減らない利息収入であれば、趣味や娯楽、旅行などの楽しみに気兼ねなくお使いいただけます。

老後生活がより豊かになり、日本経済も活気づくのではないかと期待しています。

能登式
50代～の米国債・ドル建て社債投資のポイント！

大切な老後資金は極力リスクを抑え、安心・安定した運用を心がけたいもの。世界一安全安心な米国債・ドル建て社債で運用し、元本を減らさずに利息収入で年金の不足を補い、老後生活を楽しみましょう！

脱・ケチケチ生活　老後の不安はこれで解消

人生100年時代。それなりの蓄えがあったとしても、長生きリスクや介護、施設入所などを考えると貯金を使い切るわけにはいきません。

結果、貯金があっても年金内で生活できるよう、倹約生活を送るシニアが多いのです。

老後資金は、安心安全な米国債で運用！

老後資金は、預貯金ではなく「米国債」で運用することをお勧めします。

米国債は、世界一の経済大国である米国政府が発行している、満期時に額面保証（ドルベース）の金融商品です。

購入時点で利回りが確定するので、ほったらかしでOK。満期までずっと年に2回決まった金利を受け取ることができます。

元金が減らない自分年金、利息収入で生活を楽しみましょう

米国債にも種類がありますが、シニア層にお勧めなのは長く安定した利息が受け取れる、長期米国利付債です。

例えば満期まで20年、利回り4％の米国債であれば、2000万円の資金で年に約80万円（税引き後約64万円、月額約5万3千円）の利息収入が得られます。

元金が減らない利息収入なら気兼ねなく使えます。ぜひ利息は貯めずに使い切って、老後生活を楽しんでいただきたいと思います。

これから貯めたい人は、米国債・ドル建て社債で殖やしながら貯めよう

これから老後資金を貯めたい方には、米国債の積み立てがお勧め。複利効果で効率

的に貯まります。既にまとまった資金がある方には、米国債よりも高利回りを狙えるドル建て社債もよいでしょう。

社債は発行体の破綻によるデフォルト（債務不履行）が一番のリスクなので、格付けが高い、信頼できる企業を慎重に選択する必要があります。

利下げ前の、今がチャンス！

債券の利回りは政策金利に左右されるため、既に販売されている債券（既発債）の場合、政策金利が上がると、利回りが上がります（逆に言えば、既発債の価格は下がります）。

インフレ抑制のために利上げを続けていた米国は、今後は利下げに舵を切ると予測されています。

2024年8月現在、米国債10年物の利回りで4％前後、ドル建て社債の場合は利回り7％という「お宝社債」も存在しています。

しかし今後は政策金利が下がる（逆に言えば既発債の価格が上がる）可能性が高いので、利下げ前の今は絶好の買いタイミングだと捉えています。

第1章

豊かで充実した老後のための「お金の貯め方、働かせ方」基礎知識

あるところに、貯金おじさんがおりました。
貯金通帳
退職金 5,000万円
貯金おじさんは、60歳で会社を退職した時、退職金を合わせて6000万円の貯金を持っていました。
そこで、堅実な貯金おじさんは、老後を楽しむための30年計画を立てたのです。
60才代は、海外旅行を楽しもう。毎年200万円とすると10年で2000万円。残金4000万円。

70才代は、国内旅行を楽しもう。
毎年１５０万円とすると10年１５００万円。残金２５００万円。
80才代は、体力的にも近場の温泉旅行がいいだろうな。
年間１００万円とすると10年間で１０００万円。それでも残金１５００万円だ。
よし！この計画なら30年間楽しめそうだ！
こうして、貯金おじさんの30年計画がはじまりました。
ところが…

最初の5年間は毎年海外旅行にも行き、ゴルフも楽しむ毎日でしたが、
貯金の残高が5000万円を切る頃になると、不安になってしまいました。
もう5000万円か…
そこで、海外旅行をやめて国内旅行にするようになりました。
旅行は国内にしておこう
京都
さらに、

友人からのゴルフの誘いも断るようになり、
ゴルフに行かない？
やめておくよ…
不安と心配の毎日をおくるようになりました。
・・・・・・・
あんなにしっかり計画したのに？なぜこんなに不安なんだ？

そんな時でした。
貯金おじさんは、
能登先生の著書
「世界一安心な米国債・ドル建て
社債の教科書」に出会いました。
なんだって！
元本を減らさずに
毎年利息収入を
得られるって！
“米国債・ドル建て社債”の教科書
能登 清文
株 FX 投資信託
より手堅い！
善は急げ。
貯金おじさんは、
まだ残っていた4000万円で
利回り6％のお宝ドル建て社債を
購入することにしました。

そうすると、毎年約２４０万円（税引後約１９２万円）の利息を得ることができました。
4,000万円
投資
米ドル建て社債
利息約240万円
元本4,000万円 そのまま
元本が減らない利息収入でやっと心が落ちついた。
お金
心
貯金おじさん
減っていく
不安・ストレス
利息おじさん
元本そのまま
安心・喜び
それからというもの、貯金おじさんは、利息おじさんに変わり、また海外旅行や友人とのゴルフも再開し、人生を謳歌したそうな。

いかがだったでしょうか。この漫画では、

◯人はお金が少しでも減ると不安に駆られる
◯お金の運用はなかなか計画通りにはいかない(最初の5年で不安に)
◯お金が減ると楽しみも制限しないといけなくなる
◯元本を減らさずにお金を殖やす手段を知る（債券運用）
◯利息収入が入ると不安がなくなり、楽しみを継続できる

ことをご説明しています。

本章では、「令和の老後資金事情」と、「現役時代からどのようにお金を働かせればお金に困らない人生になるか」をご説明していきます。

不安なく楽しめる老後を迎えたいものですね！

１ 老後資金2000万円では足りない

「老後資金として2000万円が必要」

今や常識のように語られるこの「2000万円」という数字ですが、これは、元をたどれば2019年に大きな話題になった「老後2000万円問題」に端を発しています。

念のため補足しますと、「老後2000万円問題」とは、2019年に金融審議会が出した報告書に「老後30年、年金だけでは生活費が2000万円も不足する」と示されたことから、国民に大きな動揺が広がった事案を指します。

当時は「年金不安」や「下流老人」などの老後の貧困問題がメディアで大きく取り上げられていた時期でもあり、政府が具体的な数字を出したことは大きなインパクトがありました。

あまりの反響の大きさから当時の麻生金融担当大臣は、報告書を正式なものとしては受理せずウヤムヤにしてしまったのですが、5年後の現在でもその数字が独り歩きしているのです。

当時、私も金融庁が公開したデータを確認しましたが、妥当な試算だったと思います。モデルケースは夫65歳、妻60歳の夫婦です。

2017年の家計調査では、高齢夫婦無職世帯の家計において、実収入よりも実支出のほうが毎月平均約5万5000円多くなっています。

日本人の平均寿命から、60歳の定年退職後の平均余命は20年～30年と仮定されますので、この平均寿命に先ほどの月々の赤字を掛け合わせると、

余命20年の場合は5万5000円×12ヵ月×20年＝1320万円
余命30年の場合は5万5000円×12ヵ月×30年＝1980万円

ざっくり「老後の生活費は、2000万円くらい不足する」ことになります。

しかし２０１９年当時と5年後の今では、経済状況が大きく変化しています。

まず大きく変わったのは日本がデフレを脱却し、インフレに突入したことです。政府がインフレ誘導目標としていた2％はすでに超えている状況です。

また、為替の問題もあります。２０１９年当時はドル円の為替レートは１０８円～１１０円でしたが、現在はおよそ１５０円と、大幅な円安になっています。

このドル円の為替変動を基に試算すると、２０００万円必要だとされていた老後金額は、現在の価値ではおよそ２７００万円。くわえて今後もインフレが進むことを考慮すると、必要な老後資金は軽く３０００万円を超えてくると予想されます。

2 サラリーマンは何歳まで稼げるか？

必要な老後資金を計算する前提として、何歳まで働けるのかを考える必要があります。

サラリーマンの場合、かつては定年が60歳、厚生年金の受給開始年齢も60歳でした。

しかし年金の受給開始年齢は２０１３年度より段階的に引き上げられ、２０２５年4月以降は65歳となっています。

ここで問題になったのが、60歳の定年から65歳の年金開始までの空白の5年間。その対策として政府は65歳までの雇用確保措置を法律に定め、企業に求めました。

２０２１年4月からはさらに5歳延長し「70歳までの就業確保措置」を求めています。この70歳までの雇用延長は現在は努力義務ですが、将来的には義務化される可能性が高いと言われています。

この流れからみると、もし本人が望み健康上の問題がなければ、将来的にはサラリーマンは「70歳」まで働ける可能性が高いと言えるでしょう。

なお、雇用確保措置とは「定年の延長」だけでなく「定年制の廃止」「継続雇用制度の導入」を含んだ3つの制度を指しますが、現在は「継続雇用制度」を導入している会社がほとんどです。その場合は60歳で一度定年退職し、同じ会社で新しい雇用契約を結び「再雇用」となります。

再雇用の場合、同じ業務内容であっても給料は大きく減るのが一般的で、定年前の2～3割減から半分以下になるケースも少なくありません。

つまり65歳まで雇用延長されても収入減から生活費に不足が生じる可能性が高く、年金開始までに預貯金を減らしてしまう方が多いのです。

老後生活のマネープランに大きくかかわる期間ですので早めの計画が必要です（125ページ事例参照）。

3 長生きリスク、介護システムも危うい

人生100年時代、「長生きリスク」という言葉が良く聞かれるようになりました。

「長生きリスク」とは、想定以上に長生きすることによって、用意していた老後資金が枯渇し、経済的に困窮してしまうことです。

親の介護にかかる費用の平均額

一時的費用		月額費用		介護期間		介護費用の総額
74万円	+	8.3万円	×	61.1か月	=	581.13万円
住宅改修・介護用品 など		介護保険サービスの自己負担分・おむつ代 など				

※2021年度の生命保険文化センターの調査を基に作成

（出典）ESSEオンラインより　https://esse-online.jp/articles/-/21342

長生きは喜ばしいことですが、日々の生活費に加え、病気・ケガなどのリスク上昇などに伴う医療費や介護費がかさむため、その分多くのお金が必要になります。

厚生労働省によると、令和元年（2019年）の日本人の平均寿命は、男性81・41年、女性87・45年。それに対し、健康寿命は、男性で72・68年、女性で75・38年となっています。

つまり男性も女性も、健康に問題なく過ごせるのは70代半ばくらいまでで、80代になるとなんらかの通院や介護が必要となるということです。

そんな中、受け皿となる介護システムの

維持が危ぶまれています。

少子高齢化で介護サービスの需要が高まる一方で、若年労働力は減少しており、介護の現場を担う人材が圧倒的に不足しているのです（介護業界の人手不足は、給与の低さ、労働時間の長さなど待遇面にも一因があります）。

このままでは適切なケアを必要とする高齢者に十分なサポートを提供できず、社会全体に影響を与えてしまうことも考えられます。

現在も介護施設の価格と質は比例する傾向にありますが、今後は、好待遇で優れた介護職員を集める高級介護施設と、その逆で少ない人員で質の低いサービスしか受けられない介護施設に二極化していく可能性が高いでしょう。

身も蓋もない言い方になりますが、老後に十分なケアを受け幸せに過ごせるかどうかは、お金次第だという事です。

【遺族年金】

老後の生活費の柱となる年金。これは夫婦二人分の合算で計算している方が多いの

夫が亡くなったら、年金額はどうなる？

夫婦2人暮らし ※夫婦とも老齢基礎年金を満額もらっていた場合

夫	老齢基礎年金 6万4000円	＋	老齢厚生年金 9万円	＝ 15万4000円	合計 21万8000円
妻（専業主婦）	老齢基礎年金 6万4000円				

夫がなくなったら

妻（専業主婦）	遺族厚生年金 6万7500円	＋	老齢基礎年金 6万4000円	＝ 13万1500円

妻が自分の老齢厚生年金をもらっていて、夫の老齢厚生年金の方が多い場合は、差額分が夫の年金から上乗せされる。夫が自営業などで国民年金だけの場合は、子どもが高校生以上になると遺族年金は出ない

（出典）ESSEオンラインより　https://esse-online.jp/articles/-/21342

ですが、もしも夫が先に亡くなると、妻の受け取る年金は「夫の老齢厚生年金の4分の3」＋「老齢基礎年金」になります。

私の母親も、父が64歳で亡くなって60歳から一人暮らしをしていますが、遺族年金は月額15万円。もし父が生きていれば夫婦で月額35万円受け取れる予定だったので、母の老後の生活設計は大きく変わってしまいました。

一人暮らしで家は持ち家、ローンも家賃もない状態で、特に贅沢もせず普通に質素に生活して、それでもやはり月額15万円では足りない状況です。

どんなに仲のいいご夫婦でも、必ずどちらかが先に旅立ちます。残された方が生活に困らないよう、遺族年金を補う仕組みを構築しておく必要性があります。

4 老後必要な額をイメージしよう（豊かな老後にはいくら必要か？）

老後資金の計算をしていると「いかに生き延びるか・・・」というネガティブな気持ちになりがちです。ここで視点を変えて、「いかに豊かな老後を生きるか」を考えてみましょう。

「豊かな老後」と一言で言っても、理想の生活は人によってさまざまです。

自分がやりたいこと、好きなことは何か？　その生活を実現するにはいくら必要なのか？　まずは具体的にイメージしてみてください。

私の古くからのお客様で「老後は月に40万円ぐらい収入を得たい」というご意向の方がいらっしゃいました。

その方の場合、退職金と預貯金で5000万円ありましたので、それで米国債とドル建て社債をご購入いただき、利息収入が毎年200万円ぐらい入る設計にしました。利息収入と年金を合わせると、月に約40万円です。

ご旅行が好きで、毎年最低1~2回は海外旅行、国内旅行も年に3回から5回は行かれていたでしょう。

ニュージーランドへの1ヶ月の短期留学、ヨーロッパやカナダ、オーストラリア、ニュージーランド、いろんなところに行かれて、本当に人生を楽しんでおられました。「豊かな老後生活」の素晴らしいモデルケースだと思います。

「老後2000万円問題」で、必要な老後生活費として試算されていたのは月約26万円ですが、旅行や趣味を存分に楽しみたいという方は、やはり月に40万円ぐらいは必要でしょう。

毎月の年金不足額が仮に15~20万円くらいだとすると、30年間でおよそ5000万円~7000万円ぐらいの老後資金が必要となります。

それを取り崩して使うのではなく、先に貯めて利息を使うのがポイントです。

5 幸福な老後生活に必要なのは気兼ねせずに使える資金

先述した「老後２０００万円問題」の発端になった金融庁のレポートは、資産を取り崩して生活していく前提で計算されています。

しかし人生１００年時代と言われる現在、いくら預貯金があってもそれを取り崩すというのはとても不安でストレスがかかる行為です。

自分がいつ、どのように死ぬのかわからない以上、先にご紹介した長生きリスクや介護費用の不安があります。子供や孫のため、結婚資金や教育資金、住宅資金などを援助する機会もあるでしょう。

たとえ60歳のときに老後資産が２０００万円用意できたとしても、安易に使い切るわけにはいきません。毎月5万円使っていけば70歳で残金１４００万円、75歳で残金１１００万円・・・と減っていく一方です。多くの方は老後資金が減っていく不安感に耐えられず、年金内で生活するよう心掛けて、倹約生活を送るかと思います。

「長く生きることに応じて、資産寿命を延ばすことが必要になってくるものと考えられる」

金融庁のレポートの中にはこのような一文もあり、年金の不足分を投資で補うよう促しています。

まさにその通りで、これからの老後生活はただ資産を取り崩すのではなく、資産を運用して資産寿命を延ばしていくことが必須です。

老後資金の資金運用は、なによりも安心安全で、減らないことが大切です。

その点では特に米国利付債がシニア層の資産運用に向いていると思います。

現在であれば20年以上の長期債で4％以上の利息が付くので、2000万円を運用すれば年64万円（税引き後）、月5万3千円ほどの利息になりますので、大切な元本を取り崩さなくても年金不足分が賄えます。

米国利付債については、3章でくわしくご説明します。

6 現在の資産から必要額を逆算しよう!

「老後資金に3000万円? 5000万円? そんな金額はとても用意できない!」そう思われたかもしれません。しかし、諦めるのはちょっと待ってください。現在の預貯金は少なくても、他の形で「隠れ資産」をお持ちのケースは少なくありません。

例えばお住まいの土地や建物。将来得られる退職金。返戻金のある保険金。持ち株会の株。相続できる親御さんの遺産、不動産、保険。他にも、高級時計やブランド品、車、金製品、絵画や美術品などの動産も、換金できるものは資産にカウントしてみてください。

そもそも、老後資金が少なくても、65歳から受け取れる年金額が多ければ何の問題もないわけです。ご自身の年金額については、「ねんきん定期便」などでご確認ください。

預貯金以外の資産

- ・不動産
- ・株など有価証券
- ・保険
- ・ゴルフ・リゾート会員権
- ・自動車・バイク
- ・絵画・骨とう品
- ・家具・家電
- ・ブランド品の時計・バッグなど
- ・貴金属
- ・趣味のもの
- ・事業性資産（機械設備、営業権など）

余談ですが、富裕層の方々は、非常に高価な時計や車、不動産などを複数所有されているケースが多いのですが、これは贅沢や消費ではなく投資としての側面があります。希少性の高い良いモノであれば、価値が落ちずむしろ売却時に値が上がることが期待できるからです。

また、お住まいの不動産についても、愛着や感情ではなく数字で捉えると、別の活用法が見えてきます。

これはあるお客様の例です。実家にお母様と住まわれていたのですが、お母様が亡くなり、相続した実家（古くて広い戸建）を売却し、利便性の高いマンションへお引越しされました。

通常であれば戸建の売却資金で新居のマン

ションを購入するところですが、このお客様は戸建の売却資金をドル建て社債で運用し、その利息で賃貸マンションの家賃を払っていくプランを選択されました。

このお客様の場合、家賃を払った後でも月に15万円ほどの余裕資金が生まれています。同じ目的（実家を売って利便性の高いマンションに引っ越す）でも、新居を購入するか賃貸するかで全く違う人生になるわけです。

少し話が逸れましたが、このように日常生活の中でも投資目線を持った消費を行うこと、そしてすでに持っている資産を有効に活用することで、これから用意すべき老後資金は変わってきます。

7 最初が肝心！減らないうちに老後資金の運用を考えよう

老後の資産運用で重要なのは、「元本が減らないうちに」投資することです。私がお勧めしている米国債・ドル建て社債はキャピタルゲイン（価格の差益を狙う投資）

ではなく、安定したインカムゲイン（利息収入）を得るものなので、元本が大きいほど利息も大きくなります。

一つのタイミングは、退職金を受け取った時です。車の買い替え、家のリフォーム、海外旅行などあれこれやりたい事はあるでしょうが、まずは運用して利息を受け取る仕組みづくりが先決です。

例えば、元金5000万円のケースで考えてみましょう。

利回り5％のドル建て社債で運用したとすると、年間の利息は250万円（税引前）。一方、先に1000万円をやりたいことに使い、残金4000万円を投資に回した場合は、年間の利息は200万円となります。その差額は年間50万円。それが長期に渡って続くことになります。

もし私なら、先に5000万円を運用に回し、その利息250万円を使って今年は旅行、来年はリフォーム、と徐々にやりたいことを行うでしょう。

また、今はドル円の為替が円安傾向にあるので「このタイミングで買っていいものか」と悩まれる方もおられるでしょう。

確かに為替が円高の時に購入、円安の時に売却ができると良いのですが、そううまくはいきません。また、その時の米国債の利回りもわかりません。

ただ、米国債償還時に円高であっても、多少の為替差損は長期運用で受け取る利息で相殺できますし、ドルのまま受け取ってＭＭＦ（ドルの普通預金のようなもの）に入れておき、両替タイミングを待つことも可能です。

今は長期米国債の利回りが約４％と非常に高くなっていますので、個人的には絶好の買いタイミングだと認識しています（１１０ページ参照）。

8 最適なのは、安心安全な米国債・ドル建て社債！

バブル崩壊後、日本は「失われた30年」といわれる長い経済低迷期を経験しました。その間、先進国では他に類を見ないデフレ経済下に沈み、株や不動産はもとより、国民の所得も物価も下がる一方でした。

ここ数年でようやくデフレからインフレに転じたとはいえ、日本の物価は未だに先進諸国と比べて非常に低く抑えられています。そのため、先進諸国に比べて所得水準が低くても、それなりの生活を送ることができています。

現在のインバウンド人気も日本の「物価の安さ」が大きな魅力になっていることは間違いありません。

しかし日本の物価が先進諸国と同水準になるまで、そう時間はかからないでしょう。仮に米国と同水準になるとすれば、物価は今の2倍~3倍になってもおかしくありません。

米国のように消費者物価の上昇に合わせて人件費や金利が上昇していけばバランスが取れるのですが、日本は現在、所得が上がらないまま物価が上がっていく「悪性インフレ」に陥るのではないかと危惧されています。

はっきりしているのは、金利のつかない日本の預貯金では、円安やインフレによる資産価値の目減りを防ぐことはできないということです。

では、資産の「価値」を守るためにはどうしたらいいのでしょうか。

かねてから私がお勧めしているのは、少しずつでも日本円から米ドル建ての資産に振り分けていくということです。

米ドル資産を持つ方法は何種類かありますが、本書ではシニア層の老後資金の運用に最適な金融商品として、米国債とドル建て社債をお勧めしています。

米国債・ドル建て社債、それぞれの説明は次章以降に譲りますが、これらの商品がシニア層に向いているのは、「安心安全で、全く手間がかからない」という点です。買った時点で利回りが確定し、一度買えば満期まで決まったタイミングで決まった利息をもらい続けるだけ。ほったらかし投資が可能なのです。

ご高齢になり複雑な投資判断が難しくなっても、たとえ亡くなったとしても、相続人が利息を受け取り続けることができます。資産寿命を延ばすのに、これ以上最適な商品はないと言えるでしょう。

第2章

安定運用の定番「債券」を知ろう

能登先生の
ドル建て投資個別相談
『ドル建て社債vs新NISA』
先ごろ定年退職をしました。退職金と預貯金を合わせて6000万円の老後資金があります。
うち1000万円を預貯金で持っておきたいので、残りの5000万円を運用したいのです。
預貯金1,000万円
+
資金運用5,000万円
何か検討されていることはありますか?

はい。うち1800万円は話題の新NISAにいれたいと思っています。
……
そして残りの3200万円でドル建て社債、米国債を買いたいのですが…
元本6,000万円
新NISA1,800万円
ドル建て社債・米国債 3,200万円
預貯金1,000万円
能登先生、この運用プランをどう思われますか？

まずはじめに、よくある新NISAについての誤解がないかお聞きしますね？

新NISAの誤解、ですか？

はい。新NISAは株式、投資信託のためハイリスク、ハイリターンですがそれでも運用されますか？

えっ？株式、投資信託は怖いので私は今までやっていません！

し、新NISAは初心者向けではないのですか？

新NISAは、決して初心者向けではありません。

えぇっ?!

例えば20代から40代の方が、10年20年と長期・積立・分散投資して資産形成するのには適しています。

長期になればなるほど利益が増える
（利益）

長期
（期間）

しかし、株の暴落で半減してしまうリスクもあるのです。

（株相場）

（利益）

あわわ！

大切な退職金、老後資金を新NISAで投資することを私はオススメしません。

新ＮＩＳＡで
毎年３６０万円、
５年で１８００万円の枠を
早く使った方がいいと
思っていました。
新NISA
360万
1,800万
1年
5年
まさか、ハイリスクハイリターンだったなんて…
…新ＮＩＳＡは、やめておきます。
大切な老後資金が減っては大変なのでそのご判断が賢明でしょう。
でも、そうなると…
うーん…
５０００万円全額を米国債・ドル建て社債に集中するのは安全なのでしょうか？
はい。３銘柄くらいに分散すれば、なお安心ですよ。

スイスの銀行で資産を運用されている世界中の大富豪は、実は主に米国債・ドル建て社債等の債券運用が中心なんです。
インフレで資産が目減りしないように、株式で減らさないように毎年利息収入が入る債券運用が選ばれています。
へぇ～世界の富豪も…。
初心者の私はどうすればいいですか？
利回りの高い額面10万ドルのお宝社債を2銘柄、残りは償還まで30年間、毎年約4％の利息が入る米国利付国債で運用されてはいかがでしょうか？
お宝社債2銘柄
10万ドル
+
米国利付国債
毎年約4%

その場合、毎年どのくらいの利息が入るんですか？
元本5,000万円
利息
約250万円
合計約５０００万円の債券運用で毎年約２５０万円（税引後約２００万円）の利息が入ります。
何もせずに２５０万円の収入があったら嬉しいな。
毎年、海外旅行や温泉、ゴルフ、釣りも楽しめますね！
どうされますか？

新NISAはやめて、米国債・ドル建て社債にします。
預貯金が毎年減っていく不安からも解放されてホッとしました。
これからの毎日が楽しみです！
投資から得た収入は、人生を豊かにするために使いたいですね。

いかがだったでしょうか。この漫画のポイントとしては、

○新NISAは40代くらいまでの若い世代向けの投資である

○新NISA枠で買うのは株式や投資信託であり暴落の危険もある

○債券を買うときは銘柄を分散するのがより安全である

○米国債とドル建て社債を併せて保有するとより安定的に利息が入る

をご説明しています。

それでは、いよいよ「債券」とは何か？「米国債」のルールなどを一緒に学んでいきましょう。少し難しくなりますが、債券の仕組みだけ覚えてしまえばあとは簡単です。

ほうっておいても安心の利息収入を楽しむために頑張ってください！

1 債券ってなに？

「国債」という言葉は耳にしたことがあるけれど、「債券」は良くわからないし、買ったこともない。そのような方が大半でしょう。ましてや本書でご紹介している米国債、ドル建て社債ともなれば、なおさらです。

本章では、まず「債券」について基礎からご説明します。

債券とは、借金の借用証明書のようなもの

債券とは、国・地方公共団体・銀行・会社などが資金調達をするために発行する有価証券です。

国債　＝　国が発行した債券（例：米国発行の国債＝米国債）
社債　＝　銀行や会社などが発行した債券（例：A社発行の社債＝A社債）

つまり「債券」とは、国や地方自治体、企業などの債券の発行体が、お金を借りた代わりに渡す借用証明書のようなものです。

債券には利息がつく！

国債であれば、国債を買う事で、その国に対しお金を貸したことになります。借金なので、当然利息がつきます。この利息を「クーポン」といいます。なお、債券の利息は、通常年に1～2回払われます。

債券の利息（クーポン）は発行体の信用度や満期までの期間によって異なりますが、発行時に決定されるため、最終的な損益が計算しやすく、株式や投資信託に比べると安全性の高い金融商品※だといえます。

※金融商品：預金、株式、国債、社債、投資信託、保険など。主に金融機関によって提供される商品の総称。

債券の仕組み

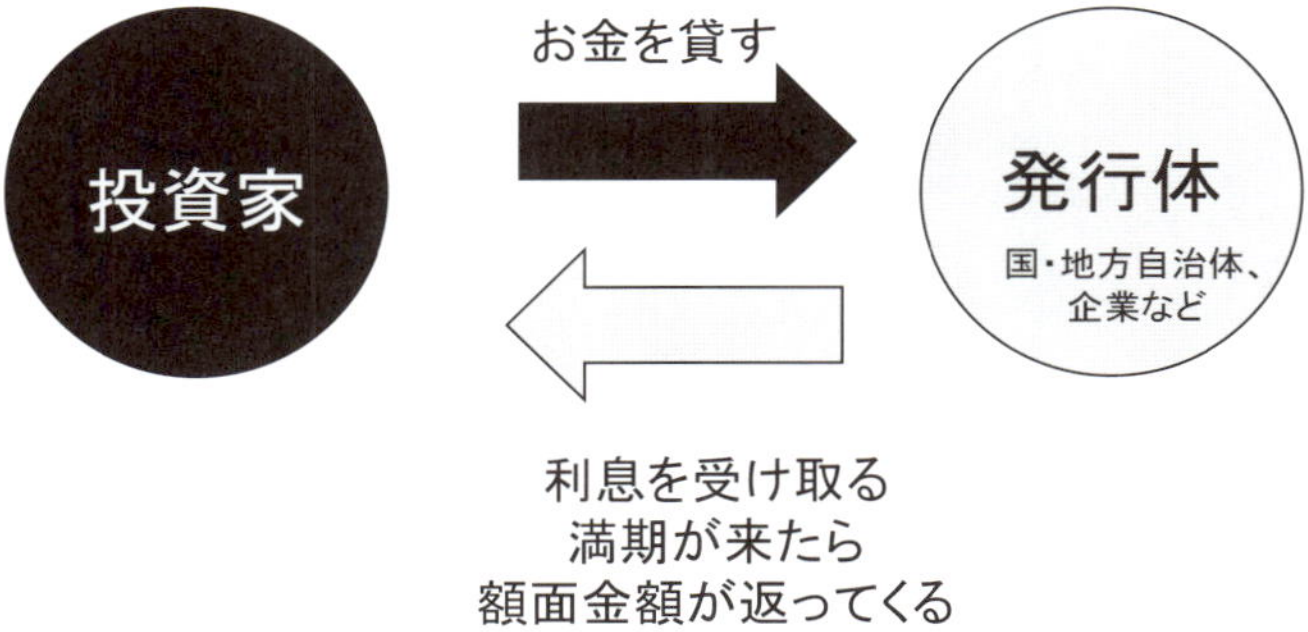

〔債券の格付け・リスク・利率の関係〕

格付け	リスク	クーポン利率
高い	小さい	低い
低い	大きい	高い

債券は、満期時に額面保証なので安心！

債券で資金調達したお金＝借金なので、通常は満期（償還日）が来れば、発行体から額面100％で償還（返金）されます。つまり、債券は満期まで保有すれば日本人の好きな「元本保証」に近い側面もある金融商品だと言えるでしょう。

ただし、発行体（債券の発行元）の倒産、破たんなどにより「債務不履行（デフォルト）」となるリスクもあります。デフォルトになると、投資資産は返還されないことがあり、大きな損失を生じる可能性があります。購入する債券の格付けや発行体の財務状況などをしっかり確認しておくことが大切です。

なお、国債は社債よりも安全度が高いと認識されていますが、近年では、アルゼンチン債やギリシャ債などがデフォルトに陥りました。発行体が国の場合は、その国の経済状況や政治情勢などのカントリーリスクについても十分に検討すべきです。

2 利率とリスクは比例する

一般に、利率はリスクの高さに比例します。

信用度の高い発行体は、破たんリスクが低いため利率も低くなり、逆に信用度が低い発行元の場合は、破たんリスクが高いため利率も高く設定されます。

この信用度を計る指標となるのが、格付け機関による格付けです。

格付けとは、債券を発行する発行体の事業環境や財務状況などを格付け業者が分析し、利息や元本の返済能力（信用力）をランク分けしたものです。

日本には、日本格付研究所（JCR）や格付投資情報センター（R&I）など、7社が存在しており、海外の機関では、ムーディーズやスタンダード&プアーズ（S&P）などが知られています。

例えばスタンダード&プアーズ（S&P）の場合は、トリプルAを最高とするランクが設定されており、BB以下はリスクが高く非投資適格（投機的）という位置づけ

ムーディーズ　長期格付

Aaa 信用力が最も高いと判断され、信用リスクが最低水準にある債務に対する格付 Aa 信用力が高いと判断され、信用リスクが極めて低い債務に対する格付 A 中上位と判断され、信用リスクが低い債務に対する格付 Baa 中位と判断され、信用リスクが中程度であるがゆえ、投機的な要素を含みうる債務に対する格付
Ba 投機的と判断され、相当の信用リスクがある債務に対する格付 B 投機的とみなされ、信用リスクが高いと判断される債務に対する格付 Caa 投機的で安全性が低いとみなされ、信用リスクが極めて高い債務に対する格付 Ca 非常に投機的であり、デフォルトに陥っているか、あるいはそれに近い状態にあるが、一定の元利の回収が見込める債務に対する格付 C 最も格付が低く、通常、デフォルトに陥っており、元利の回収の見込みも極めて薄い債務に対する格付

注：ムーディーズはAaからCaaまでの格付に、1、2、3という数字付加記号を加えており、1は債務が文字格付のカテゴリーで上位に位置することを示し、2は中位、3は下位にあることを示します。

https://www.moodys.com/pages/default_ja.aspx

になります。

なお、日本の有名企業のドル建て社債が高利回りで話題になることがありますが、海外基準では格付けが低く非投資適格なこともありますので、注意が必要です。

利率と利息、利回りの関係

債券購入時には利率、利息、利回りと似たような言葉が出てきますが、それぞれの定義は次のようになります。

利率（年利率）・・・額面金額に対し毎年受け取る利息の割合のこと（表面利率ともいいます）。年に何%、クーポンがつくかを表します。

年利率3%の債券（額面金額100万円）を100万円分購入した場合

額面金額100万円×年利率3%＝3万円、1年あたりの利息は3万円

購入から3年後に売却する場合

103万円で売却すると・・・

売却金額103万円ー購入金額100万円＝値上がり利益3万円
購入金額100万円×年利率3%×3年＝3年間の利息9万円
→ 3年間の収益 12万円

1年あたりの収益4万円÷購入金額100万円＝4%　利回り＝4%

利息・・・毎年定期的に受け取れるお金。額面×利率で計算します。

利回り・・・投資した元本に対しての利益の割合を年率換算したもの。売却損益も含めて計算します。

一般的な債券は、保有期間中は決まった利息を受け取ることができ、満期（償還日）には額面金額で償還（返金）されます。

既発債（期間途中で売られた債券）を購入する場合は、購入価格により利回りが異なります。債券の利率はあらかじめ設定されていますので、価格が上がれば利回りが下がり、価格が下がれば利回りは上がります。

政策金利と債券価格の関係

政策金利と債券価格の関係をご説明します。政策金利とは、各国の中央銀行が金融政策において使用する短期金利のことです。一般的に、この政策金利が上がると既発債の価格は下がります。言い換えれば政策金利が上がると債券の利回りも上昇します。

政策金利が上がると、投資家はより金利の高い金融商品に乗り換えるために、金利上昇前に購入した既発債券を売却します。そのため市場の債券の価格は下がるのです。（債券価格が下がっても、その債券の満期時の額面金額とクーポンは変わらないため利回りは上昇します）

政策金利が下がると、これとは逆の現象が起こります。既発債券の利回りが高い場合は、価格は政策金利に釣り合うまで額面以上に値上がりすることもあります。

また、満期までの期間が長い債券ほど、価格は金利の影響を受ける度合いが大きくなります。

3 債券は、途中で売買できる

債券は、証券会社などで購入することができます。

新規に発行される債券を「新発債（しんぱつさい）」と呼びます。新発債は、額面金額で募集されることが多く購入時に額面金額を払い込みます。

また、購入した債券は満期まで待たずとも途中で売却が可能なものがほとんどです。このように既に発行された債券で、途中で売買され市場に出ているものを「既発債（きはつさい）」と呼びます。

既発債は市場での売買なので価格が変動しますが、額面金額で償還されますので、購入価格で利回りと最終利益は確定します。

4 他の投資との比較

ここまで、ざっと債券の基礎知識についてご説明いたしました。他の投資手法との比較についても簡単に触れておきます。

新ＮＩＳＡ

通常、株式や投資信託などの金融商品に投資をした場合、これらを売却して得た利益や受け取った配当に対しては約20％の税金がかかります。ＮＩＳＡは、「ＮＩＳＡ口座（非課税口座）」内で、毎年一定金額の範囲内で購入したこれらの金融商品から得られる利益が非課税になる、つまり、税金がかからなくなる制度です。（金融庁ＨＰより）新ＮＩＳＡでは、①期限の撤廃②枠が最大１８００万円まで拡充③積み立て投資枠と成長投資枠が同時に利用可能にといった変更がありました。

なお、利益に対しては非課税メリットがありますが、損失が出た場合には控除などの救済措置はありません。

ＦＸ

ＦＸは「Foreignexchange＝外国為替」の略で、正式名称は「外国為替証拠金取引」といいます。為替レートの変動や金利差を利用し、利益を得ることで目的とした金融商品です。主には２つの通貨の組み合わせで、安く買って高く売る、もしくは高く売って安く買うことで、差益を狙います。

ＦＸでは、上限25倍のレバレッジをかけることが可能です。少ない資金で大きな利益が狙える一方で、わずかな値動きでロスカットされ、投資資金を失う危険性もあるハイリスクハイリターンな投資であるため、注意が必要です。

ｉＤｅＣｏ

ｉＤｅＣｏとは、公的年金（国民年金・厚生年金）

とは別に給付を受けられる私的年金制度の一つです。公的年金と異なり、加入は任意で、加入の申込、掛金の拠出、掛金の運用の全てをご自身で行い、掛金とその運用益との合計額をもとに給付を受け取ることができます。公的年金と組み合わせることで、より豊かな老後生活を送るための一助となります（厚生労働省HPより）。

メリットとしては、税制優遇が受けられる点です。掛金は、全額所得控除の対象になり、運用で得た収益も非課税です。

デメリットとしては、資金の拘束性が強く、原則中途解約はできず受け取りは、原則60歳（拠出期間が10年以上）か、最長で65歳からです。また、毎年口座管理料や手数料が必要な点にも注意が必要です。

株式投資

投資の代表格として挙げられるのが、株式投資です。株式とは、企業が事業資金を集めるために発行する証券です。資金集めを目的に発行されるという点では債券と似ていますが、債券の購入者が企業にお金を貸している（債権者）であるのに対し、株式の購入者は株主として、その会社の出資者（オーナー）の一員となり、株主総会で議決する権利（議決権）や、持ち株に対して配当金や株主優待を受け取る権利などを得ます。

上場している企業の株式は、株式市場で売買されます。株価が安いときに購入し、値上がり後に売却すれば、売却益（キャピタルゲイン）を得ることができます。

投資信託（ファンド）

投資信託とは、投資家から集めたお金を、運用の専門家であるファンドマネージャーが株式や債券などに分散投資・運用する金融商品です。投資信託ごとに、投資方針や投資対象が決まっており、詳細は目論見書で確認することができます。

投資信託の運用成績は市場環境などによって変動し、基準価格は日々変動します。運用成績によって、分配金が増減されることもあります。

投資信託のメリットとしては、通常、複数の銘柄や資産を投資対象としているため、自動的に分散投資ができること、小口化されているので比較的少額から気軽に購入できることなどがあげられます。

デメリットとしては、信託報酬料や手数料などのコストがかかることと、相場により分配金や基準価格が上下するため、収益が読めないところです。

5 実際にはいくら利息が入るの？ 利息収入の計算方法

私が「お宝社債」と呼んでいる、利回り7％のドル建て社債（発行体は世界トップクラスの保険会社）があります。

「利回り7％」と聞くと「毎年7％の利息が入るの？」と思われるかもしれませんが、そうでないケースもあります。

債券の利回りには「直接利回り（投資額に対して年間で受け取れる利息の割合）」と「最終利回り（これまで受け取った利息と償還益を合わせた最終的な利回り）」の2種類があるからです。

例えば、利率が7％、価格が100という条件のドル建て社債であれば、確かに毎年7％の利息を受け取ることができます。そして満期時に元本が100でそのまま戻ってきます。

●利率（額面金額に対して年間で受け取る利息の割合）

$$利率（\%）= \frac{利息（年間）}{額面金額} \times 100$$

●直接利回り（購入金額に対して年間で受け取る利息の割合）

$$直接利回り（\%）= \frac{利息（年間）}{購入金額} \times 100$$

●最終利回り（利息合計と償還益を含めた、最終的に受け取る利益の割合）

$$最終利回り（\%）= \frac{利率（\%）+ \frac{（償還価格－購入期間）}{残存期間}}{購入価格} \times 100$$

このケースでは直接利回りも最終利回りも7％です。ただし、このような利率のドル建て社債で高格付けのものは、私が知る限り市場に存在していません。

私がご紹介している利回り7％のドル建て社債の場合は、受取利息の合計と償還益を含めて計算した、最終的に受け取る利息の割合（最終利回り）が、7％になります。

利率は3・2％、価格が88、残存期間4年、直接利回りは3・63％になります。

直接利回りの計算方法

3・2（年間の利息）÷88（購入価格）
＝0・36×100

では、このお宝社債を購入するには、いくら必要でどのくらい収益を得られるのか、試算してみましょう。

この社債の売買単位は20万ドルなので、額面20万ドルの社債を価格88で購入する場合、必要金額は17万6000ドル（約2640万円）。受け取れる利率は3・2%、投資金額に対する直接利回りは3・6%で、利息収入は年間6400ドル（税引後5120ドル、約76万円）となります。

そして満期を迎えて償還される際には、価格88だったものが額面100になって戻ってきますので、17万6000ドル（2640万円）が20万ドル（3000万円）と、元本部分が12%殖えることになります。なお、償還益の部分には約20%の税金がかかりますので、税引後の手残りは約19万5200ドル（2928万円）です。

投資した期間4年間の累計利益（利息収入プラス償還益）は、17万6000ドル（2460万円）に対して3万9680ドル（約595万円）になります。

利回り7%のお宝社債　概要		
利率　3.2%	価格　88	売買単位　20万ドル
直接利回り3.6%	最終利回り　7%	残存期間　4年

利回り7%のお宝社債　運用イメージ		
	ドル	円換算 （1ドル=150円で為替が同一とする）
購入金額	額面20万ドル分を 17万6000ドルで購入	額面3000万円分を 2640万円で購入
年間利息	6400ドル （税引後　約5120ドル）	96万円 （税引後　約76万円）
満期時	17.6万ドル→20万ドル 税引後　約19万5200ドル	2640万円→3000万円 税引後　約2928万円
累計利益 （税引後）	利息計　2万480ドル 償還益　1万9200ドル 合計　3万9680ドル	利息計　約307万円 償還益　約288万円 合計　約595万円

Column

一億円運用で月収30万円！

資産1億円を持つ世帯は「富裕層」に分類され、全世帯の約2.5%しかいないと言われています。しかし、私の周囲では決して珍しい存在ではなく、実際に年に100人は、運用のご相談にいらっしゃいます。

経営者の方や相続で受け継がれた方、高収入サラリーマン、中にはご夫婦共働きで、コツコツ貯めた貯金と退職金で一億円を資金とされる方もおられます。

今回ご紹介するのは、60才の法人経営者の方です。創業当時から長いお付き合いのお客様で、退職金の運用として高利回りのドル建て社債を持ちたい、多少のリスクは許容できるとのことでした。

そこで、まず「ハッピーセット」と名付けたヨーロッパの保険会社3社のドル建て社債と、オーストラリアの銀行（格付AA）の発行している社債（劣後債）を選びました。この社債は他の銘柄に比べて少し利回りは落ちますが、満期まで9年間、決まった利息が受け取れるのがメリットです。

このように、会社だけでなく国や地域、満期までの期間を分散するというのも一つのリスクヘッジの方法です。一つの銘柄が満期を迎えても、他の銘柄からの利息が入り続けるので、より収益が安定します。

年間約360万円（税引後）、月にして約30万円以上の利息収入が得られ、さらに4銘柄は全て額面100よりも安く購入しているので、満期の度に元金が殖えて戻ってくるという楽しみもあります。

第3章

コツコツ殖やす！
堅実で安定した「米国債」をはじめよう

アメリカの大学のカフェテリア
ねぇ海この後、図書館で一緒に勉強しない？
ごめんバイト。学費稼がないとな。ゆうかはバイトしてないの？
うん、亡くなったおじいちゃんが学費を出してくれたんだ。
えっ、300万円も？
うん。でも実は100万円なんだ。
どういうこと？
それは…

留学に旅立つ前
お父さん、ドライブってここは…
そうだよ、おじいちゃんのお墓だよ。
実はね、
ゆうかが生まれた時に、おじいちゃんが米ドルの米国債をプレゼントしてくれたんだ。それがゆうかの留学費用の300万円になったんだよ。
おじいちゃんが米国債？

うん。
これからアメリカの大学で経済を学ぶゆうかには、きちんと話をしておきたいんだ。
おじいちゃんはゆうかが生まれた時に、
1ドル100円で額面2万ドルの米国ゼロクーポン債を価格50%の時に100万円分(1万ドル)購入してくれたんだ。
1ドル ＝ 100円
米国ゼロクーポン債
100万円分購入
=
1万ドル
(額面2万ドル)
米国ゼロクーポン債
購入時
1万ドル
価格
50%
満期
2万ドル
価格
100%
それがいま償還(満期)になって、額面2万ドルになった。
さらに為替レート1ドル100円から150円になったことで約300万円のゆうかの留学資金がまかなえたというわけなんだ。
米国ゼロクーポン債
1万ドル分
2万ドル分
換金
300万円
購入時
1ドル
=
100円
満期時
1ドル
=
150円

おじいちゃんのおかげです。ありがとう。
というわけで、私が留学できたのはおじいちゃんの米国債投資のおかげなんだ。
へぇ〜

5年後
ーマンハッタンー

おじいちゃんのおかげで、投資の素晴らしさを知った私は、米国債投資を教える仕事で生きてゆくことにしました。
そろそろ私たちも米国債投資をはじめようか。新しい命のために。
え、ええっ、赤ちゃんできたんだ。やったー！
私の人生をここまで導いてくれたおじいちゃん、ありがとう！

いかがだったでしょうか。この漫画では、

○購入しておいた米国債が100万円から300万円に殖えたこと
○ドルと円の為替レートの差で利益を得られること
○ゼロクーポン債を選択したこと（米国債の商品のひとつ）
○債券は、子どもや孫に贈与できること

をご説明しています。

本章では、「米国債」を使った資産運用術についてお話ししていきます。多数ある資産運用方法の中で、なぜ私が「米国債」をお勧めするのか？　順を追ってご説明していきます。

孫娘さんの幸せを天国から叶えられるなんて嬉しいですよね。

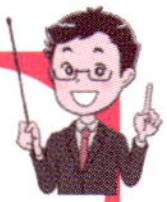

1 米国債ってなに？

国（政府）が発行体となっている債券を「国債」といいます。

本章では、米国が発行している「米国債」について基礎からご説明します。

米国債は、世界1位の経済大国・米国が発行する債券

国債は、公的サービス拡充や災害復興、あるいは財政赤字の穴埋めのためなどに、国が発行するものです。返済の財源は将来の国民からの税金です。

本章でお伝えしていく「米国債」とはその名の通り、米国（アメリカ合衆国政府）が発行している債券です。

世界一位の経済大国である米国が破綻しない限り、利息と額面金額が保証されているので、現時点では世界で最も安心安全な金融商品であるといっても過言ではないでしょう。

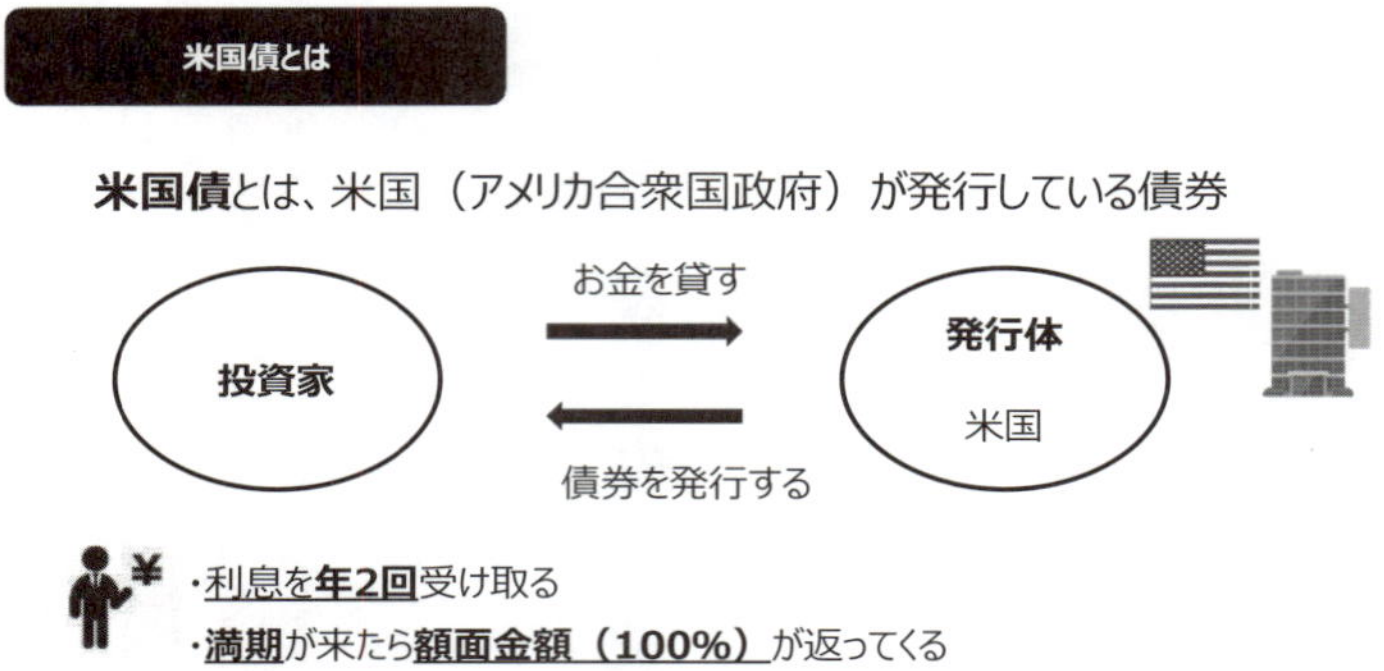
米国債とは
米国債とは、米国（アメリカ合衆国政府）が発行している債券
お金を貸す
投資家
発行体
米国
債券を発行する
・利息を年2回受け取る
・満期が来たら額面金額（100%）が返ってくる

同時に、米国債は、世界一流通している金融商品でもあります。

世界の国々や自治体をはじめ、安定運用が求められる機関では米国債を保有し、資産運用をしています。なお、日本は世界第一位の米国債保有国です。

日本政府のみならず、生命保険会社や銀行、年金なども米国債を購入しているので、馴染みがないようでも、日本国民は皆、間接的に米国債を保有しているのと同じ状況だといえます。

米国債の間接保有

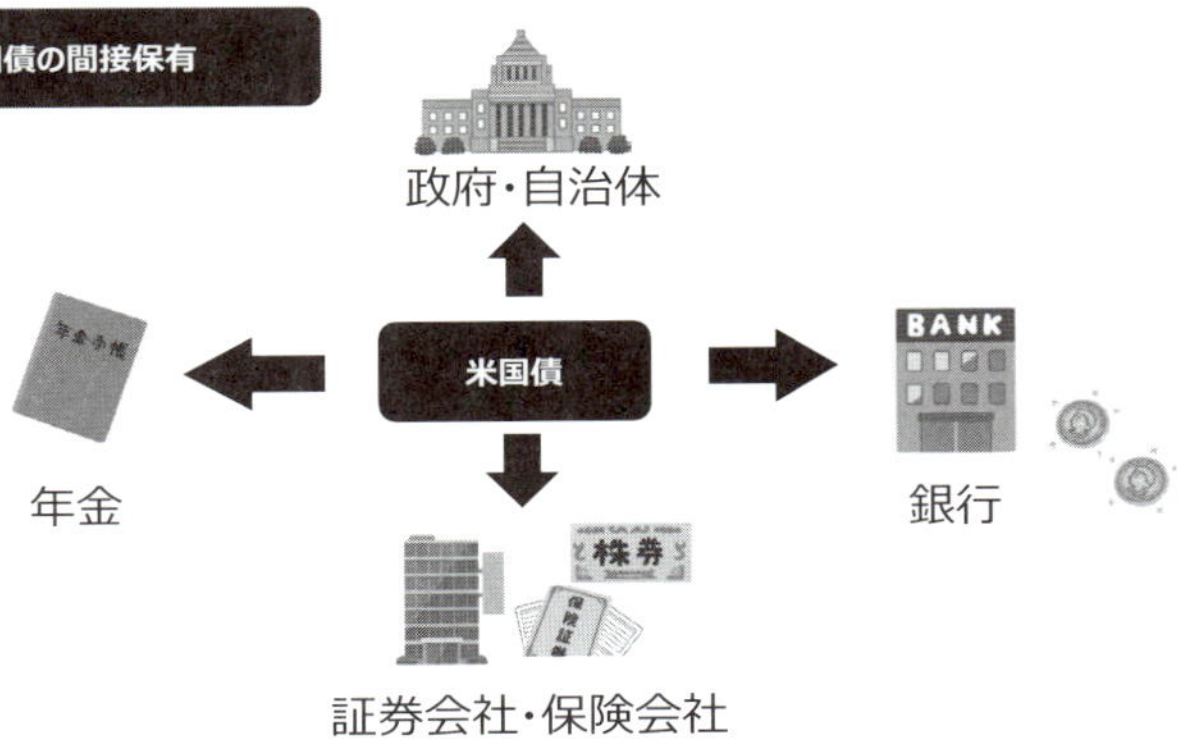

米国債保有国ランキング

（2022年2月）

単位：10億ドル

	国名	保有額
1	日本	1,306.3
2	中国	1,054.8
3	英国	625.2
4	アイルランド	314.8
5	ルクセンブルク	314
6	スイス	281.7
7	ケイマン諸島	277.4
8	ベルギー	258.4
9	台湾	248.5
10	ブラジル	241.2

出典：米財務省 2月国際資本収支統計

米国債はコストが安い

「こんなにいい商品があるなんて知らなかった。なぜ他の証券会社では、今まで勧めてくれなかったのだろう？」

米国債をご紹介すると、多くの方がこのようにおっしゃいます。

米国債についての情報が知られていない理由は、一言でいえば米国債は証券会社にとって、儲からない（利益が薄い）商品だからです。

通常、株を売買すれば「売買手数料」、投資信託であれば「販売手数料」に加えて保有中の「信託報酬」がかかります。

しかし米国債の場合、米国債は購入対価に取引手数料に該当するコストが含まれており、別途の販売手数料がかかりません。

また、保有期間中の管理手数料もかかりません。

米国債が低リスクな理由

1. 安全性が高い
   - 満期時に額面保証されていて安全性が高く、いざという時にすぐ売却が可能
   - 世界一の経済大国が発行しており、世界一流通している金融商品
2. 圧倒的なコスト安
   - 購入対価に取引手数料に該当するコストが含まれており取引手数料がかからない
   - 保有期間中の管理手数料がかからない
3. 保護預かり
   - 証券会社で「保護預かり」として別枠で管理されることとなり、証券会社が倒産しても保護される

購入した米国債は、「保護預かり」と呼ばれる制度で管理をしてもらえます。

この「保護預かり」で預かった債券は、証券会社で分別管理され、海外の保管決済機構で実際には保管されているため、万一取引先の証券会社の経営が悪化して倒産したとしても保護されます。

この米国債のコストの安さは、投資家にとっては大きなメリットですが、証券会社にとっては、最初に少しの収入があるだけで、それ以降は長期間管理しても全く利益にならない、旨味の薄い商品です。

「儲からない米国債よりも、手数料や信託報酬で稼げる株や投資信託を売りたい」というのが証券会社の本音でしょう。

金融危機時に強みを発揮

米国債のメリットとしては、相場が荒れたときに他の資金のリスクヘッジになるという点があります。

例えばリーマンショックやコロナショックなど、株が大暴落したタイミングでは、米国債は大幅に価格が上昇しました。

これは安定資産として米国債に株などを売却した資金が流入するためです。

直近で起こった株価の大幅下落は、ほんの数日の動きだったので今のところ「やや上昇」という程度でしたが、ゴールド（金）まで売られるほどの全面安の中、価格を保ったのは評価できると思います。

世の投資家が震えあがるような株価暴落時でも、米国債で運用していれば動揺する必要はありません。

むしろ値上がりする可能性が高いので、一旦売却してキャピタルゲインを得るもよし、何もなければ満期まで保有して利息を楽しむもよし。この2つの安心感があります。

利付債とゼロクーポン債（割引債）の仕組み

米国債の種類は、大きく分けて2種類あります。発行日から満期まで、定期的（年2回）に利息を受け取れる「利付債」と、あらかじめ満期までの利息分が割り引かれた価格で売られる「ゼロクーポン債（割引債）」です。

利付債もゼロクーポン債も、満期時には額面100％で償還されます。

ゼロクーポン債の仕組みですが、あらかじめ利息分が割り引かれた価格で発行され、償還時に額面100％となる債券です。

ゼロクーポン債・割引債・ストリップス債など呼び方が複数ありますが、本書では「ゼロクーポン債」で統一させていただきます。

ゼロクーポン債は、発行価格と額面額の差額が利息に相当します。そのため満期までの期間が長いほど、将来の金利分が多く引かれるため値段は安く購入することができます。

例えば2045年（21年後）に満期になる米国債の場合、額面100ドルのものが44ドル程度（2024年8月13日時点）で購入できます。保有期間中の受け取れる利息はゼロ（ゼロクーポン）ですが、2045年の満期には額面100で償還されますので、その差額が利息代わりということです。

また、ゼロクーポン債は途中売却も可能です。例えば今、満期まで30年あるゼロクーポン債を40ドルで買うと、数年持っておくと50、さらに、数年後には60というように、償還期限まで少しずつ価格が上昇すると期待できるのが、このゼロクーポン債の特徴です。

老後資金や教育資金など、将来の資産を今から作っておきたい、蓄えておきたい、という人に向いている商品になります。

このゼロクーポン債の利点に複利効果が得られることがあげられます。

利付債の場合は、利払いの都度、税金を約20％納める必要があります。

一方、ゼロクーポン債では、償還、あるいは売却の時に一度だけ税金を払います。

複利効果があるので、同じ利回りでも手取りの金額はゼロクーポン債の方が多くなります。

シニアには長期の利付債がお勧め！

私は従来、米国債を購入する場合は、利付債よりも購入金額が安い「ゼロクーポン債」をお勧めしておりました。

しかし昨今の米国の利上げで、利付債の利回りも４％前後の水準になっています。

現在の利回りを長期で確定したい方、利回りよりも安全性を重視する方には、現在の米国利付債は十分魅力的な投資先だと言えるでしょう。

特にシニア世代の老後資金の運用には、ほったらかしで満期まで決まった利息を受け取れる利付債は、自分年金として最適だと思います。

利付債とゼロクーポン債

米国債10年利回り推移

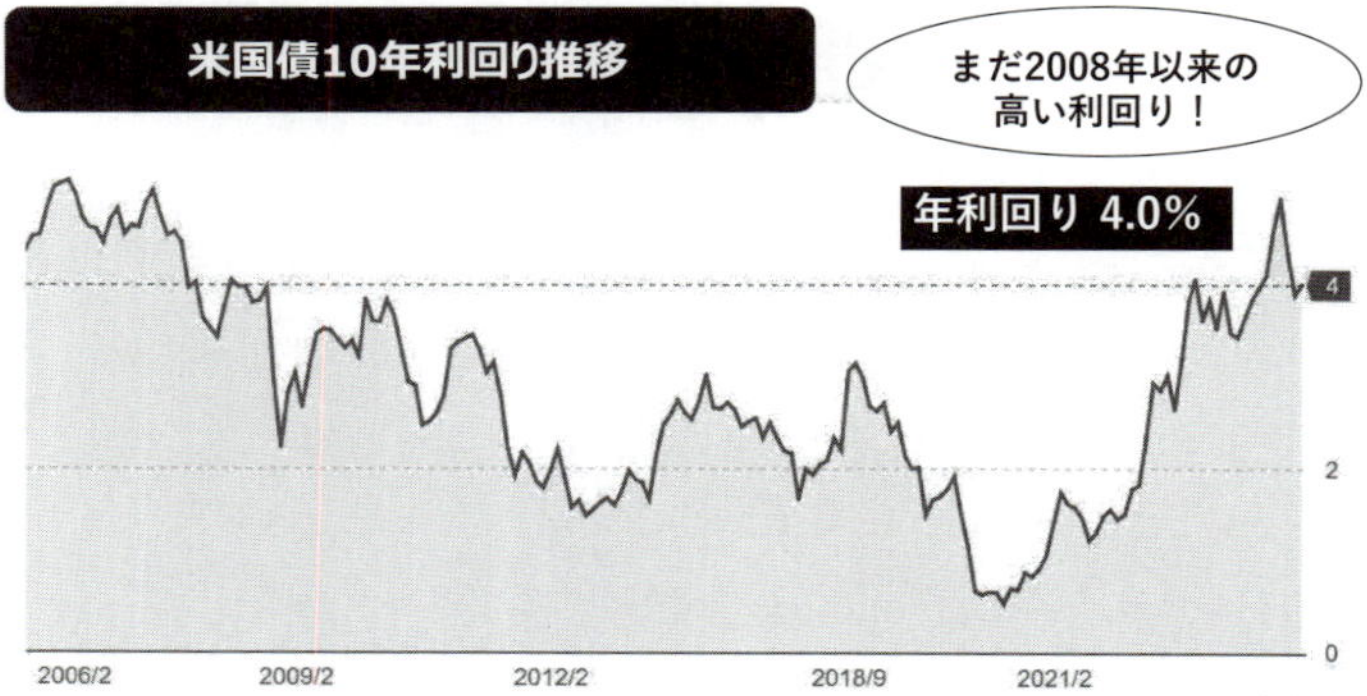

Yahooファイナンス：2024/1/5 引用

米国債3つのリスク

よい面ばかりのような米国債ですが、リスクが3つあります。

あらかじめこのリスクを許容できるかどうか、良く考えていただく必要があります。

①為替リスク

ドル円の為替は常に変動していますので、円換算した場合の資産額が上下する為替リスクがあります。

例えば、米国債を売却して使いたい時に購入時より円高になっていると為替差損が出て日本円換算した時にマイナスになる可能性もあります。1ドル＝150円の為替レートで10万ドル分を1500万円で購入したと仮定します。

米国債を売却する時に13万ドルに殖えていても、1ドル＝100円の円高になっていた場合、1300万円となり日本円としての資産額は目減りする可能性があります。

このような円高の時は、手持ちの日本円を使い米国債は米ドルのまま保有しておくことをお勧めしています。

米国債3つのリスク

1．為替リスク
・ドル円の為替は変動しているため、円換算した時の資産額が上下するリスクがある。
⇒売却時に購入時より円高となっていた場合は、円換算した時にマイナスになる。

2．途中売却の際の損失リスク
・途中売却時は、市場価格の変動の影響を受け、損失となるリスクがある。
⇒額面＄100の米国債を＄60で購入。1年後に売却した時は＄55に価格が下がっていると＄5の損失が発生する。

3．米国債の破綻リスク
・発行体のアメリカ合衆国が財政破綻した場合、米国債がデフォルトするリスク

②途中売却の際の損失リスク

満期になるまで持てば額面100％で償還されますが、途中売却する場合、市場価格の変動により損失となるリスクがあります。

例えば、額面100ドルの米国債を60ドルで購入し、1年後に売却した時に価格が55ドルに下がっていた場合、5ドル（約8％）の損失となります。

③米国債の破綻リスク

発行体であるアメリカ合衆国が財政破綻した場合、米国債がデフォルトするリスクがあります。

その可能性はゼロとは言えませんが、個人的には、世界一の経済大国・米国以上にデフォルトリスクが低い国はないと考えています。

Column

為替変動と米国債の損益分岐点

米国債の年利回りが、現在約4%となっています。例えば1000万円分米国債を買うと、毎年約40万円の利息が受け取れます。5000万円であれば毎年約200万円、1億円であれば年間約400万円の利息が受け取れることになります。(税引き前)

一方日本の預貯金はというと、年利回り0.02%（2024年6月現在）ですから1000万円で年間2000円、1億円預けても年間2万円しか利息を受け取れません。米国債で持っていた人と比べて、10年で約40%の差になります。

例えば1億円を10年運用するとなんと10年間で4000万円もの差になるのです。この事実を知っていただきたいと思います。

そうお伝えすると「いくら利回りが高くても、為替リスクがあるでしょう？」と必ず言われます。「こんな円安の時に買うと、たとえドルでは殖えていても、いざ償還された時に円高になっていたら、為替で損をするのでは？」と。

そこで、米国債と為替の関係、損益分岐点について試算してみます。(税引前で計算)

米国利付債を買うと、毎年2月と8月、年2回の利息を受け取ることができます。私はシニアのお客様には「この利息は円で受け取って、生活を楽しむことに使ってください」とお伝えしています。

ドル円の為替は、償還までの期間に変動しますが、日本円で年2回受け取っていればその期間の為替変動が平準化されることになります。

仮に満期まで10年間の米国利付債（利息4%）を購入し、10年間保有していた（その間の平均為替は150円）としましょう。償還日における元本の損益分岐点は、およそ102円になります。40%分はもう円で受け取って楽しんでしまったので、残り60

%分が返ってくればトントンということです。そうした時の損益分岐点は、102円という計算になります。

これを20年で考えてみますと、20年毎年4%の利息が入ってきて、20年で累計80%。償還時の為替がもし60円や70円の円高でも十分にプラスになります。

円で年利0.02%で貯金をしていると、30年たっても利息はほぼゼロ。一方、米国債の場合は30年間利息を楽しんだら、結果的に元本に対して120%はすでに受け取っているので、損益分岐点は6円になり最後に1ドル10円になっても損はしません。(税金20%も考えて損益分岐点を計算しています)。

この試算を見ると、為替変動リスクよりも投資しないリスクの方が大きいといえるのではないでしょうか。

2 米国債の購入方法

米国債は国内の様々な証券会社で取り扱いがあります。

まずは米国債を取り扱っている証券会社の口座を開設します。

なお、口座開設には1～2週間ほど時間がかかります。相場の急変時に慌てて口座開設を申請しても間に合いませんので、先に口座だけでも作っておくことをお勧めします。

口座開設までの流れ

・証券会社に口座開設を申込

・申込書類に記入、必要書類※と共に提出、または申込フォームに入力

※「マイナンバー（個人番号）の確認できる書類」「本人確認書類」のご提出が必要になります。

●入金をする

口座が開設できたら、購入資金を証券会社に振り込みます。ドル預金、ドルMMFなどでドルを持っていれば、そのドルを振り込むことも可能な証券会社が多いです。

日本円の場合、米国債を購入する際にドルに両替する必要があるため為替手数料がかかります。手数料は証券会社によってまちまちですが、1ドルにつき片道25銭〜50銭くらいのところが多いようです。

●注文をする

注文方法は、ネット証券会社の場合はネット画面から自分で購入、一般の証券会社の場合は、電話で注文します。購入には一括と積み立ての2種類があります。

一括購入する場合

米国債は、証券会社によって決まっている「最低購入金額」以上の金額で購入します。最低金額は、1000ドル、1万ドルなど会社によってさまざまです。

米国債の購入方法

証券会社選定

・各証券会社が保有する既発債の数や情報が異なるので確認して選択する。
＜ネット証券の特徴＞
・売買は自己判断
・債券を扱う証券会社が少ない
・ネットに掲載された銘柄のみ

＜能登式で運用する場合＞
・ご相談者様へ最適な債券プランを提案
・投資アドバイス・相談可

口座開設

・口座開設申し込みをする
　✓本人確認書類の準備　✓申込書類記入　✓必要書類（*）と共に提出
＊マイナンバーを確認できる書類
　本人確認書類

・開設までの時間（通常1～2週間必要）

入金

・購入資金を証券会社へ振込する。

＜日本円で米国債を購入＞
別途、両替の際に為替手数料が必要となる。
（1ドル 片道25銭～50銭ぐらいが多い）

注文

＜ネット証券会社＞ ネット画面から自分で購入
＜一般の証券会社＞ 電話注文

＜一括購入＞ 最低購入金額以上の金額で一括購入する。
＜積立購入＞ 毎月積立で購入する。ドルコスト平均法によるメリットなお、私は債券中心の証券会社の金融商品仲介業者をしておりますが、こちらの会社の米国債の最低購入単位は額面1万ドルです。

この証券会社の場合、「毎月1万円から米国債を積み立て購入」することもできます。米国債の毎月積み立てができる証券会社は、日本ではおそらくこの証券会社だけだと思います。

積み立ての場合、ドルコスト平均法で為替や価格の動きを平準化でき、効率的な投資ができるメリットがあります。また、米国債の金利の力で、より効率的に殖やしながら貯めることができます。

ちなみに私のお客様の場合は、最初に額面1万ドル単位で米国債を一括購入していただき、その後、毎月一定額を積み立てていく方が多いです。ご興味のある方はぜひお気軽にお問い合わせください。

どこの証券会社から購入するか

米国債は国内の様々な証券会社で取り扱いがありますが、どこの証券会社から購入するかも重要です。

ネット上で米国債を売買できる証券会社もありますが、ネット証券を選択するメリットには、利便性以外に売買手数料の安さや管理費の安さなど、コストの優位性があると思います。

しかし米国債の場合は、そもそも販売手数料や管理費がかからない（販売価格に含まれている）ので、コストの優位性はほとんどありません。

米国債を一度買って満期（償還日）まで持つならネット証券で購入しても同じかもしれませんが、初めて購入する場合は、債券の取り扱いが多く、相談できる担当者がいる証券会社を選択された方がよいかと思います。

米国債やドル建て社債の既発債は、株や投資信託と違って各証券会社が同じ商品を売っているわけではありません。証券会社で在庫として保管しているものを販売しているケースがほとんどで、在庫がなくなれば購入できません。

私は一番利回りが伸びるタイミングと方法で売買して「守りながら殖やす」方針な

ので、お客様には売り時・買い時のタイミングや銘柄などをアドバイスさせていただいております（ときには、今は買うのを待つように助言します）。

3 米国債・購入後のシナリオ

米国債購入後は、次のようなシナリオがあります。

①保有する

一括購入や積み立てで米国債を継続的に購入し、殖やしながら貯めていきます。満期まで保有すれば、額面１００％の金額を受け取ることができます。

②米国債を買い替える

米国債の価格と残存期間は正比例しているわけではなく、その時の相場や需給に左右されます。米国債は、満期までの残存期間が10年を切ると利回りが低下する傾向があるため、従来の能登式では、投資効率をあげるためタイミングをみて売却，買い替えを検討していました。

しかし近年では米国債の長短金利の逆転（逆イールド）が発生しており、長期で保有する方が有利な場合もあるので、状況を見てご判断ください。

③売却する

金融危機などが発生し米国債の価格が急騰した場合、一旦売却して利益を確定します。その際に購入できるだけの資金があれば、金融危機で価格が下落し利回りが高くなったドル建て社債を購入するのがお勧めです。

なお、通常時であっても、米国債である程度資産が貯まった後は、より利回りの高いドル建て社債に買い換えして満期まで保有し、利息収入を得てゆとりある生活を楽しんでいただくというのが、能登式のお勧めするゴールです。

4 米国債・購入事例

本項では、私のお客様の米国債購入事例をご紹介します。

なお、利回り、価格などは購入当時のものなので、同じ条件では購入できない可能性があります。

※為替は1ドル＝150円で計算しています。

❶ 50代から貯金を米国利付債で殖やし、老後資金にした事例

【年齢】ご夫婦（夫50歳、妻50歳）
【職業】公務員
【運用目的】定年退職した際の老後資金を殖やし老後は利息を得たい

【問い合わせのきっかけ】『【お金の学校】のとチャン』（Youtube）を見て、書籍「世界一安心な米国債・ドル建て社債の教科書」を購入
【投資シナリオ】貯金で米国利付債を購入、50～定年の65歳まで米国債の利息はドルMMFで運用。65以降は、殖えた分で米国利付債を買い増し予定
【投資内容】全て米国利付債　期間30年　価格100ドル　最終利回り4・1%
【投資結果】年額約113万円（月額約9万円）の利息を30年間受け取る。

お一人目は、50代の公務員（学校の先生）ご夫婦の事例です。

現在の貯金2100万円を運用し将来の老後資金を少しでも殖やしておきたい、安全性重視で運用したいとのご希望で、米国利付債（期間30年・最終利回り4・1%）を紹介しました。

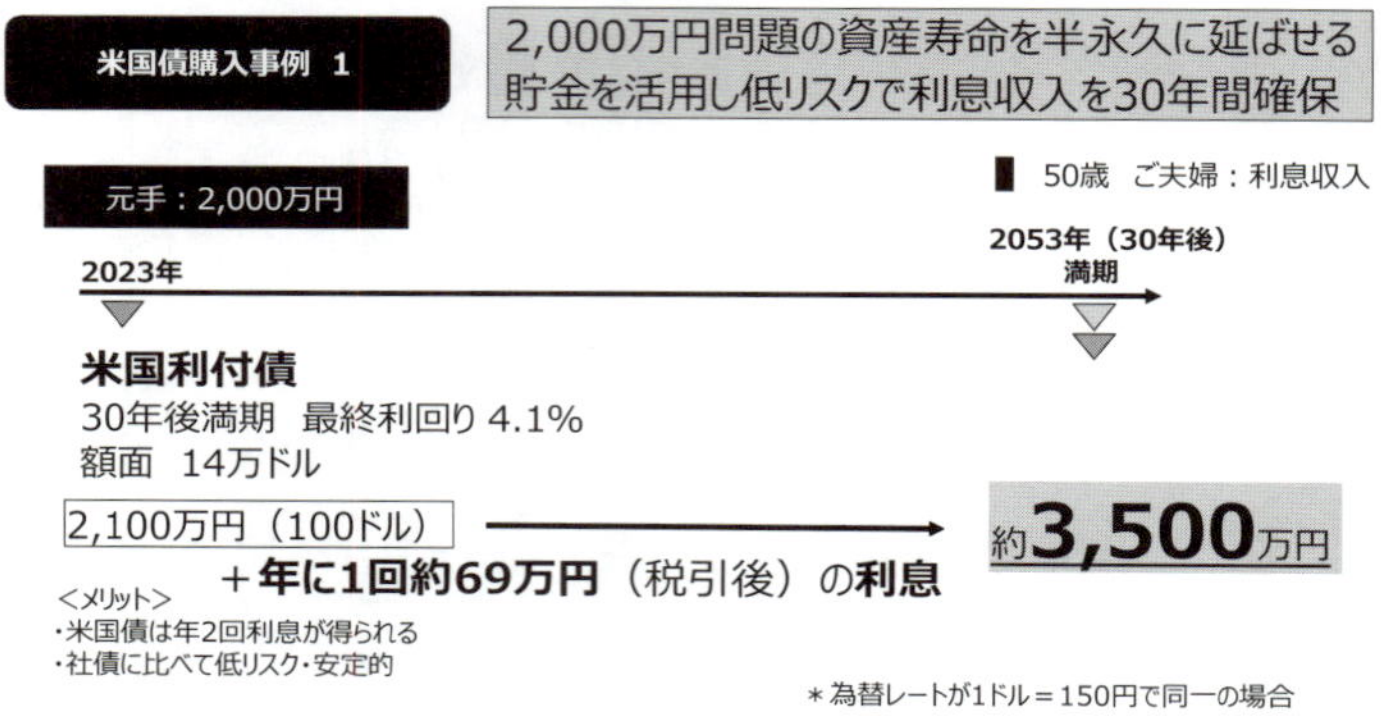
米国債購入事例 1
2,000万円問題の資産寿命を半永久に延ばせる
貯金を活用し低リスクで利息収入を30年間確保
50歳 ご夫婦：利息収入
元手：2,000万円
2023年
2053年（30年後）
満期
米国利付債
30年後満期 最終利回り 4.1%
額面 14万ドル
2,100万円（100ドル）
約3,500万円
＋年に1回約69万円（税引後）の利息
＜メリット＞
・米国債は年2回利息が得られる
・社債に比べて低リスク・安定的
＊為替レートが1ドル＝150円で同一の場合

退職までの15年間、利息はドルMMF口座（利回り約４％）で運用。同利回りで試算すると米国債からの利息１０３５万円は、65歳時点で約１４００万円まで殖えるので、退職時点で元本と合わせて約３５００万円の老後資金が用意できることになります。

この利息分を貯めた資金で新たに同条件の米国債を買い増すと、利息は年１１３万円（月約９万円）となります。

65歳以降は、ドルではなく円で利息を受け取り、ゆとりある老後生活にお役立ていただきたいと思います。

❷ 退職金を運用し、再雇用中の給料減額分を補いながら殖やした事例

【年齢】ご夫婦（夫60歳、妻55歳）
【職業】一部上場企業を退職し再雇用
【運用目的】退職金と預貯金を運用し、利息を得たい
【問い合わせのきっかけ】書籍「世界一安心な米国債・ドル建て社債の教科書」
【投資シナリオ】退職金と預貯金を運用
【投資内容】全て米国利付債30年もの、37万ドル購入。２０５３年償還価格90ドル　直接利回り４・５％
【投資結果】30年間、年額約１８０万円、月額約15万の利息を受け取る

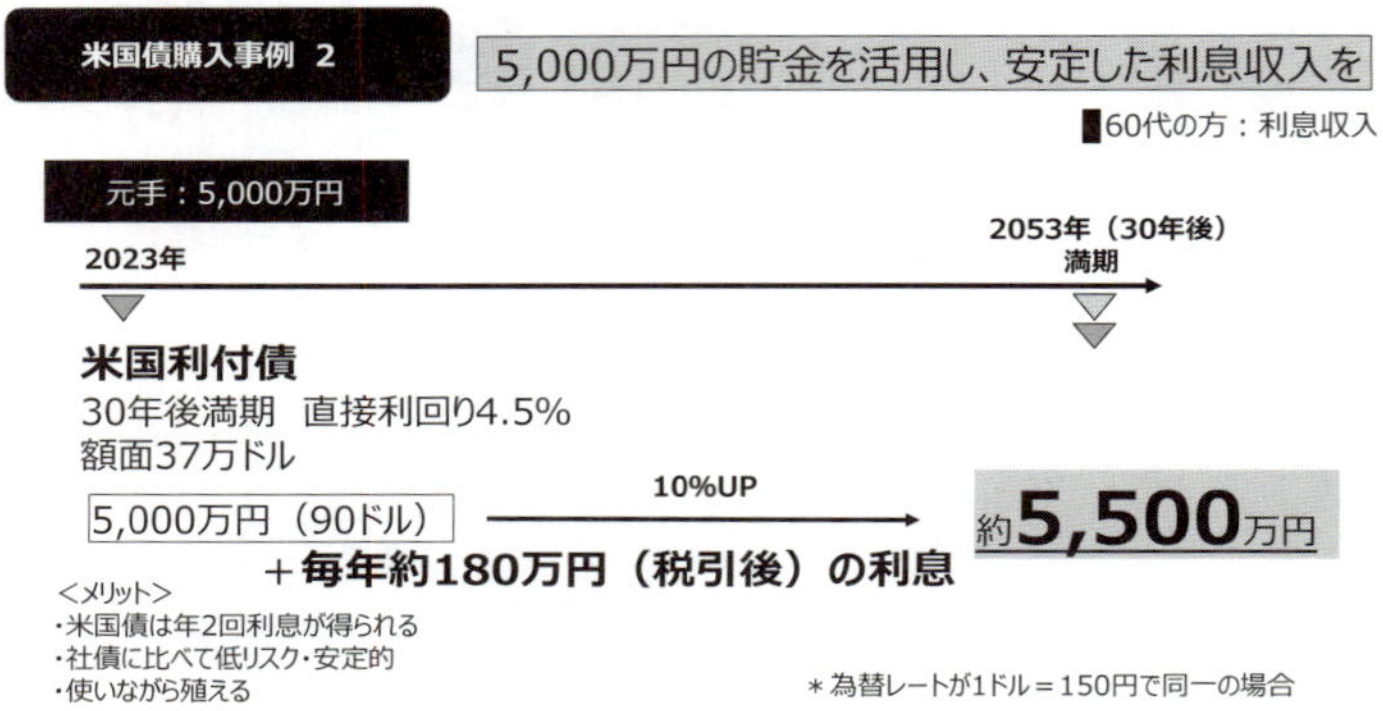
米国債購入事例　2
5,000万円の貯金を活用し、安定した利息収入を
60代の方：利息収入
元手：5,000万円
2023年
2053年（30年後）
満期
米国利付債
30年後満期　直接利回り4.5%
額面37万ドル
5,000万円（90ドル）
10%UP
約5,500万円
＋毎年約180万円（税引後）の利息
<メリット>
・米国債は年2回利息が得られる
・社債に比べて低リスク・安定的
・使いながら殖える
＊為替レートが1ドル＝150円で同一の場合

お二人目は、60歳で一部上場企業を退職されたお客様です。

65歳までは再雇用で働く予定ですが、その間の給料は大幅ダウンの見込みです。65歳からは年金収入だけになるので、安定的に長期で利息を得たい、安全性重視とのご要望でした。

そこで、30年ものの米国利付債（最終利回り4・5%）をご紹介しました。

利回りが高い時期であり、ちょうどよいタイミングだったと思います。

60歳で退職した場合、年金支給までの5年間で蓄えを減らしてしまう方がほとんどです。それは再雇用されたとしても同じです。

しかしこの方のように早い段階で運用に回すと、資産５０００万円で年間約１８０万円、一カ月約15万円の利息を満期までずっと得ることができますので、再雇用中は心強い副収入、引退後は年金を補うゆとり資金として、ご活用いただけます。

さらに額面１００の米国債を90で購入しているので満期時には元本が10％殖えて戻ってきます。

「退職後はこの利息で海外旅行や、温泉、ゴルフなど老後生活を楽しみたい」と、とても喜んでいただけました。

Column

遺産相続したお金の運用には「利回りが確定する」債券が最適

私は遺産相続したお金の運用についてのご相談をよくお受けします。

不思議なことに、自分のお金では株式投資やFXなどアクティブな投資をしている人でも、遺産相続したお金で株などを買うのは抵抗があるようです。親から引き継いだ大切な資産だからこそ「減らしたら申し訳ない」という意識が働くのでしょう。その点、満期時に額面保証でドルベースで利回りが確定する債券投資は、相続資産の運用先としてフィットするようです。

あるお客様は、お父様から遺産相続したお金を、ずっと何年間も預貯金で持っておられたそうです。そんな中、私のYouTube動画でドル建て社債を知り、お問い合わせいただきました。その際は「買います！」とおっしゃっていたのですが、やはりなかなか踏み切れず、数か月が経過していました。

それがあるときに、「明日、いい日なのでお金を振り込みます」という連絡が来て、その日に買われました。後から聞くと、ちょうど亡くなったお父様の命日だったそうです。「この日にスタートできて、きっと父も喜んでくれていると思います」そのお言葉通り、確かに、結果的によいタイミングで高利回りのドル建て社債を購入できていました。

「後からもっとよい利回りのものがでるかもしれない」と購入タイミングに迷われる方もいます。

お気持ちはよくわかりますが、債券の場合は、満期まで持てば少なくとも損はしません。また、期間も10年以内に絞っていればそう遠くない未来に次のタイミングも期待できます。あまり狙いすぎるとスタートできず、利息収入が入らず機会損失が発生します。ある程度の思い切りも大切なのかなと思います。

第4章

高格付け企業を買って
確定利回り！
「ドル建て社債」を狙おう

能登先生の
ドル建て投資個別相談
『はじめてのドル建て社債が不安です』

能登先生、私は投資の初心者です。

海外の金融機関が発行するドル建て社債の利回りがいいのは理解できるのですが、やっぱり不安です。

よく分かります。

米国債は長期というのも心配なんです。

5年以内で日本の金融機関が発行するドル建て社債はないのでしょうか？

はじめてのドル建て社債で不安なお気持ちは分かります。

そんな方には、日本を代表するメガバンクが発行するドル建て社債(普通社債)をお勧めします。

えっ、メガバンクも発行してるんですか。

はい。

その前に、社債への投資と預貯金の利回りについて、基本的なことをお話しておきます。

例えば、今日本のメガバンクに預金をしたらどうなるのか?

ぜひ知りたいです!

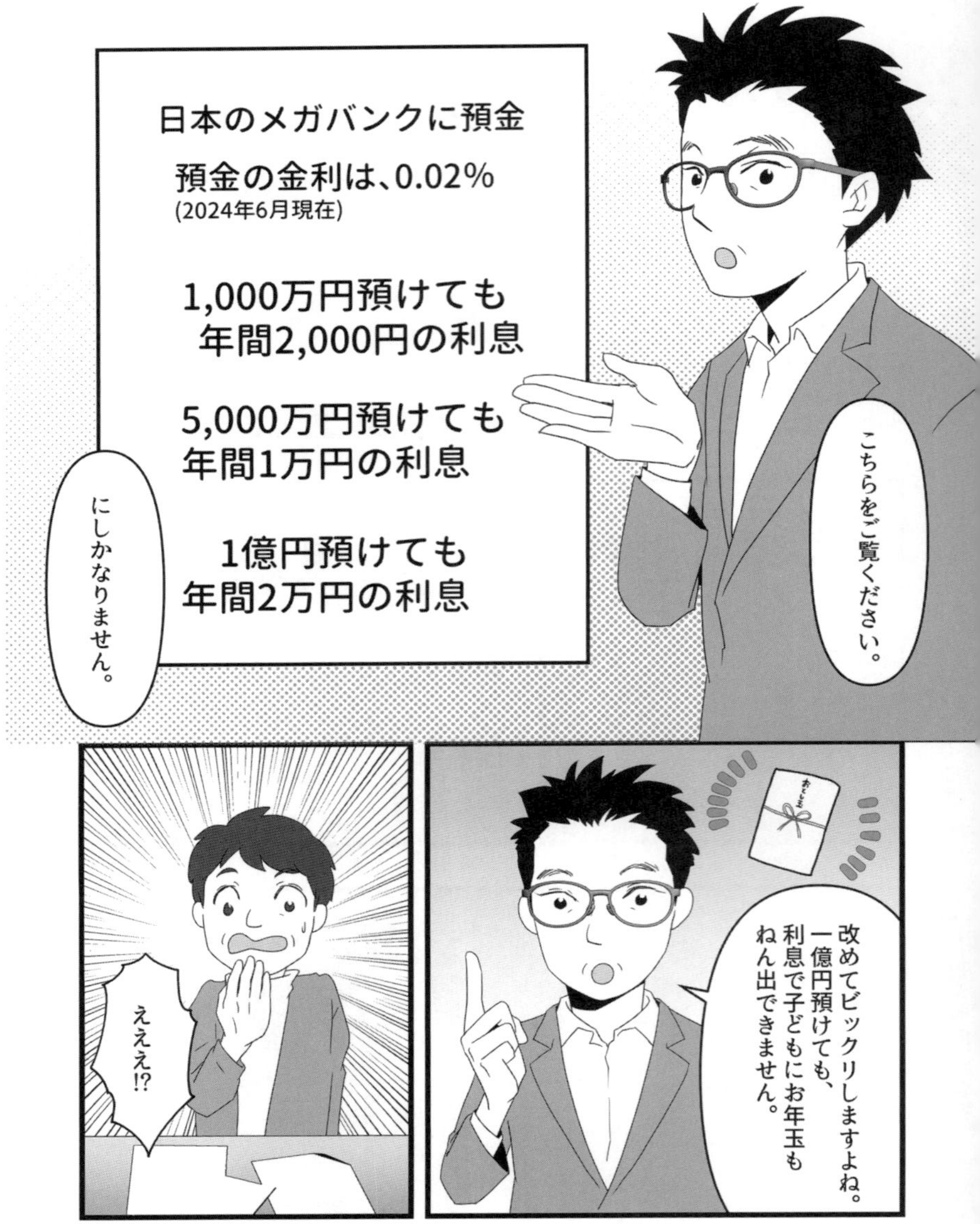
こちらをご覧ください。
日本のメガバンクに預金
預金の金利は、0.02%
(2024年6月現在)
1,000万円預けても
年間2,000円の利息
5,000万円預けても
年間1万円の利息
1億円預けても
年間2万円の利息
にしかなりません。
改めてビックリしますよね。一億円預けても、利息で子どもにお年玉もねん出できません。
えええ!?

日本のメガバンク発行の
ドル建て社債
利回りは約4%
（2024年6月現在）
1,000万円で
年間約40万円の利息
5,000万円の場合、
年間約200万円の利息
1億円だと
年間約400万円の利息
預金との差は約200倍です。
え〜！そんなに利息が入るのですか？
はい。毎年入ります。
しかもメガバンク発行だったら安心ですね。

でもそんなうまい話はないでしょうから、当然リスクもありますよね？
ドル建て社債は、まだまだ預貯金ほどメジャーではないですからね。
『損をするのでは？』と不安になりますよね。
はい、正直不安です。
ドル建て社債と預貯金を比較した場合の主なリスクは、以下の2点です。
①為替リスク
②途中売却時に損をする可能性があるリスク
やっぱりリスクはあるんですね。

ただし、為替リスクは、次の2つの対策で軽減できます。
①毎年の利息を円で受け取る
②運用期間を10年以上にするなど長期でドル運用する
なるほど。

為替の変動に右往左往するのではないかと心配でしたが、毎年利息を円で受け取って、長期運用をすればいいのであれば、自分でコントロールできる範疇ですね。

そうなんです。のみ込みが早いですね！

さらに、途中売却せずに満期（償還）まで持っておけばなお安心ですね。

まさにその通りです！

人生の楽しみ方としても、毎年の利息を円で受け取れる方が良さそうだ！

まずは、安心なメガバンクのドル建て社債からスタートします。5000万円で毎年約200万円の利息を楽しめるって本当にワクワクします。

久しぶりに家族でハワイに行ってこようかな！

いいですね！楽しむことこそお金の一番の活かし方ですね。

いかがだったでしょうか。この漫画では、

○日本のメガバンクが発行する「ドル建て社債（普通社債）」の選択もあること
○貯金してもまったくお金は殖えていかないこと
○「ドル建て社債」では年約4％の利息がもらえること
○「為替リスク」はあるが、「円」で利息や償還金を受け取ったり、運用期間を長くすればリスクを軽減できること
○多少のことで焦らず満期（償還）まで持っていた方が安心なこと

をご説明しています。

本章では、このように安心かつ、魅力が溢れる「ドル建て社債」について基礎から学んでいただきます。

お金は貯めこむものではなく、楽しみに使うことでこそ活きるものです！

1 高利回りが注目を集める「ドル建て社債」

私のお客様には、退職金や相続資産など、まとまった資金の運用を目的とするシニア層の方がたくさんいらっしゃいます。

投資初心者が多く、株や投資信託には不安があって踏み出せない。そんな堅実で慎重な方々が、私のＹｏｕＴｕｂｅ動画や書籍を通じて「ドル建て社債」の魅力を知り、運用をスタートされています。

ドル建て社債は、前章でお話しした米国債よりも利回りがよいのが利点で、最近では米国利上げの影響で利回りも上がりました。例えば、一時は利回り10％超えという超お宝社債もありました（徐々に利回りが下がり今では７％前後となっています）。

しかし、米国が利下げに踏み切った場合は、このような高利回りの債券は市場から消えてしまいます。

ドル建て社債とは

ドル建て社債

- ドル建てで発行された社債
- 企業が資金調達のために「債券」を発行し、投資家からお金を借りる。
- 決められた利息が支払われ、期日が来れば、額面金額が返金される。

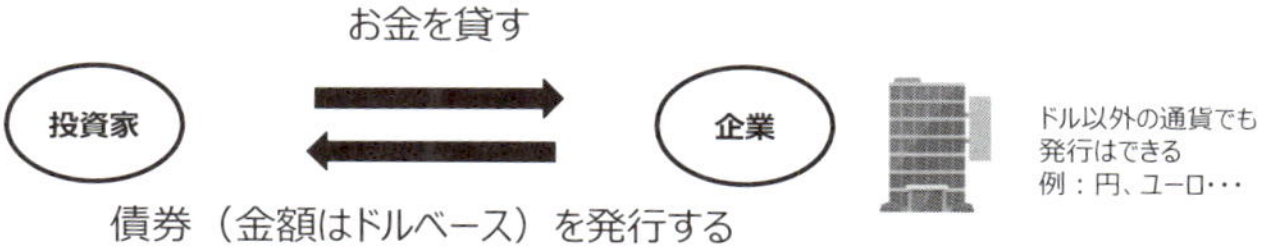

　債券は購入時に利回りが確定します。高利回りの時期を見逃さないことが成功のポイントです。ですので、このチャンスにぜひ高利回りの資産運用をはじめていただければと思います。

　本章では、そんな「ドル建て社債」について基礎からご説明します。

ドル建て社債とは

　「ドル建て社債」とはドル建てで発行された「社債」のことです。

　「社債」とは、先ほどの国債と同じく、ある企業が資金調達のために「債券」を発行し、投資家からお金を借りるものです。決められた利息が付き、期日がくれば額面金額で償還（返金）されます。

同じ会社でも、円建て、ユーロ建て、ブラジルレアルやトルコリラ建てなど、多様な通貨建てで社債を発行するケースがあります。

社債は決して目新しいものではなく、株などと同じように昔からあるものです。ただ残念ながら、あまり日本では知られていないという状況です。

「株式」と「社債」はどう違うの？

事業資金を調達するために、企業が発行する債券が「社債」です。

同じように企業が資金調達をする手段に「株式」があります。

では、「株式」と「社債」は、購入者側からみてどう違うのでしょうか。

「株式」を購入すると、発行している会社へ「出資」したということになり、出資額は会社の資本に組み入れられます。

また、株式を購入すると株価上昇によって得られる利益（キャピタルゲイン）が期

株式と社債

株式	・発行している会社への**出資** ・株価上昇によって得られる利益(キャピタルゲイン)が期待できる一方、株価が下落すれば損をするリスクがある ⇒ 元本保証はない ・配当金による利益(インカムゲイン)はあるが業績や会社方針により一定ではない ・発行体の破綻(デフォルト)リスクがある
社債	・発行している会社への**貸付金** ・満期までの決まった利息(クーポン)を得られる ・満期が来れば、額面金額が返済される ・発行体の破綻(デフォルト)リスクがある ⇒ 国債より高利回り

待できる一方、株価が下落すれば損をするリスクもあります。株価の上下は会社の業績だけではなく、景気や相場全体の動向にも左右されるためです。

対して、「社債」はあくまでも購入者が発行体に対して貸した「貸付金」です。

その企業に対する貸付金なので、満期までの期間内は決まった利息(クーポン)を得ることができ、満期がくれば額面金額が全額返済されます。

つまり、企業の破綻などがないかぎり、満期時には額面での償還が約束されている金融商品です。

なぜ社債は国債に比べて高利回りなのか？

一般的に国や地方公共団体などに比べて、企業は経営悪化や倒産などの可能性が高いものです。

債務不履行（デフォルト）のリスクも高いと判断されるので、その分、利回りが高く設定される事が多くなります。

社債を購入する際には、格付やその会社の財務状況、経営方針などをよく確認したうえで判断しましょう。

ドル建て社債の種類

社債にもいくつか種類がありますが、主なものは「普通社債」と「劣後債」の2種類です。

・普通社債　※SB債（ストレートボンド債）

一般的な社債のことで、満期が来れば額面金額で償還され、それまで決まった利息

（クーポン）を受け取ることができます。

・劣後債

企業が破綻したとき、投資家に対しての返済順位が普通社債よりも低い債券です。リスクが高い分、普通社債よりも金利が高く設定されています。

その他の社債

・ＡＴ１債

債券と株式の中間的な特性を持つ証券のひとつです。

発行体である銀行が破綻した場合には、元利金の弁済順位が普通債などより低く、投資家の抱えるリスクが大きいため、高い利回りが設定されます。

元本削減、または株式転換、またはその両方の特約がついています。

主なドル建て社債の種類

普通社債（SB債：ストレートボンド債）	劣後債
・一般的な社債 ・満期が来れば、額面金額で償還され、それまで決まった利息（クーポン）を受け取ることができる。	・企業が破綻した時、投資家に対しての返済順位が普通社債よりも低い債券。 •リスクが高い分、普通社債よりも金利が高く設定されている。

・優先株預託証券

これはアメリカの金融機関が発行しているケースが多いのですが、債券ではなくて株式の1種となります。リスクとしては、高配当狙いで購入したとしても株の配当は発行体側の事情でいつでも増減や停止をすることができるという点です。

初心者の方やシニア層にお勧めなのは、普通社債になります。

少しリスクを取っても高い利回りを狙いたいという方には、より高利回りになる劣後債、永久劣後債があります。

ただし、発行体が格付けシングルA以上の、世界トップクラスの金融機関に限ってお勧めしています。

債券・株の返済順位

発行体が破綻した場合の、返済順位は普通社債が最も高い

この「劣後」という種別は債券の内容が劣っているわけではなく、発行体が倒産したときの返済順位が劣っている、後回しになるということです。

・債券や株の返済順位

返済順位としては、まず先に普通社債、その後に劣後債、さらにその後に永久劣後債が返済されるという形になります。

ちなみに、クレディスイスが破綻危機に陥ったときに無価値化して話題になったＡＴ１債（ＣＯＣＯ債）や株は、さらにその後になります。

ドル建て社債のメリット・リスク

メリット

・預貯金や米国債などに比べて利回りが高く、それが購入時に確定する。
・満期償還時には額面100%で償還される。
・保有している方が万一の場合にも、資産として相続できる。

デメリット

・中途売却における価格リスク
・為替リスク
・発行体の倒産リスク
・売買単位が大きい

ドル建て社債固有のデメリットとしては、「売買単位が大きい」ということがあげられます。基本的に10万ドル、20万ドル単位となるものが多いです。

一部ネット証券などでは1万ドルから買える銘柄もありますが、ごく一部です。この売買単位の大きさが、気軽に購入できない障壁になっています。

債券ファンドやETFへの投資

今は債券の利回りが高いということで、債券ファンドや、債券のETF、米国債のETFに関するご相談もよくいただきます。

確かに売買単位の大きいドル建て社債も、ファンドであればタイミングを分けて小口で購入したり、複数銘柄が含まれているので分散投資になるというメリットはあります。

しかし、私は個人的には、債券ファンドやETFへの投資は、お勧めしていません。

なぜかというと、個別の債券であれば、額面100%で戻ってくる満期(償還)というタイミングがあり利回りも確定しているので、保有途中に株の暴落があろうが売買価格が上下しようが、安心して持つことができます。

それがファンドやＥＴＦになってしまうと、10種類、20種類、場合によっては１００種類といった多くの債券がファンドの中に入ることになります。

つまり、各債券に設けられている「償還満期」という元本回収のタイミングが失われてしまいます。同時に価格変動のリスクもあり、購入時に利回りが確定しないのです。

これでは債券に投資するメリットが薄いように思えます。

2 ドル建て社債への投資方法

ドル建て社債の選び方「４つ」のポイント

国債の場合は米国債一択ですが、ドル建て社債の場合は、どの企業の社債を選ぶかの選択が重要です。

選び方には、以下の４つのポイントがあります。

１）発行体の格付けA以上

発行体の格付けは、一般的にはトリプルB以上が投資適格とされていますが、私はシングルA以上の企業しか選びません。

それも世界2大格付け機関であるS&P、ムーディーズによる発行体格付けA以上の世界トップクラスの金融機関の社債を選択します。「もしこの会社がデフォルトに陥る時は、世界経済も崩壊しているだろう」と思うような会社です。

また、金融機関の中でも、現在は銀行ではなく保険会社の社債をお勧めしています。銀行よりも保険会社の方がより安全度が高いと判断しているためです。

なぜなら、銀行というのは長短の金利差で稼ぐビジネスモデルであり、わかりやすくいうと安い金利で預かった顧客の預金をより高い金利で長期運用して利益をあげています。

そのため、もし取り付け騒ぎが起こるとキャッシュが枯渇し破綻の危機に陥る可能性があるのです。これは昔話や杞憂ではなく、つい先日破綻したシリコンバレー銀行や買収されたクレディスイス銀行でも起こったことです。

それに対して保険会社は、短くても10年、長ければ30年、40年という長期のお金を預かり、それを長期的に運用する構造になっています。

保険の満期は契約者や契約内容によりバラバラなので、一気に解約される可能性は少なく、資金の流動性でも銀行よりリスクが低いといえます。

2）満期までの期間10年以内

ドル建て社債も途中売却が可能ですが、基本は満期まで保有することを前提に期間10年以内の社債を選択します。

この大変革の時代、事業会社よりは低リスクだと思われる金融機関、その中でもさらにリスクが低い保険会社といえども、10年以上の期間となると先行きが不透明だからです。

3）利回り

利率よりも利回り（最終利回り）を重視して選択します。

利率とは債券の額面金額に対し、発行体から毎年受け取る利子の割合で、発行時に決められているものです。利回りとは、投資金額に対する利子も含めた年単位の収益の割合です。

既発債で額面より安い金額で債券を購入した場合、利率よりも高い利回りとなります（88ページ参照）。

米国債の利回りが上がっていくと、社債の利回りも上がっていきます。基本的には同期間の米国債と比較して、０・５％以上高いことが目安となります。できれば１％以上高いものを選びましょう。目安より利回りが低いのであれば、あえてリスクを取って社債を買うよりも米国債を買うことをお勧めします。

４）口座開設～入金の流れ

米国債の場合と同様、まずは証券会社に口座を開設して入金します（１１７ページ参照）。

株や米国債と違い、ドル建て社債の既発債券は、各証券会社が同じ商品を売っているわけではありません。国内では扱っている証券会社が非常に限られていますが、在庫が豊富で、顧客に合わせた社債を紹介してくれる証券会社を選択しましょう。

また、私のお勧めする資産運用は、お客様の人生設計や資産状況に合わせて、米国債とドル建て社債を乗り換えることがあります。

一例をあげれば、資産構築時はゼロクーポンの米国債を積み立て、まとまった資金になったらドル建て社債で金利を得て、シニアになったら利付の長期米国債に乗り換えて安心して余生を楽しむ・・・そんなイメージです。

そのため資金の移動などを考えると米国債とドル建て社債は同じ証券会社で買うのが望ましいと考えています。

3 ドル建て社債・購入事例

本項では、私のお客様のドル建て社債購入事例をご紹介します。

なお、利回り、価格などは購入当時のものなので、同じ条件では購入できない可能性があります。為替は1ドル＝150円で計算しています。

① 高利回りのドル建て社債、利息を教育費に

【年齢】ご夫婦50代（夫50歳、妻45歳）【職業】会社員

【運用目的】ドル建て社債で運用してその利息を子供の教育費に充てたい

【問い合わせのきっかけ】会社の先輩からの紹介
【投資シナリオ】貯金をドル建て社債（期間9年）で運用、満期後は老後資金として運用を続ける
【投資内容】全てドル建て社債（世界トップクラスの保険会社発行・劣後債）、最終利回り6％　15万ドル分　2250万円で購入　期間9年
【投資結果】利息年間約108万円（税引後）、月額約9万円を9年間受け取り、子どもの私立の高校・大学・大学院の費用に

お一人目は、50代のお客様の事例です。預貯金ではほとんど利息が付かないので、できるだけ高金利のドル建て社債で運用し、利息を子供の教育費に充てたいとのご要望した。ご紹介したのは、世界トップクラスの保険会社が発行する劣後債（最終利回

ドル建て社債購入事例 1

2,250万円でドル建て社債を購入。安定した利息収入を得たい
■50代の方：子供の教育資金

元手：2,250万円

ドル建て社債（世界トップクラスの保険会社発行劣後債）
期間　9年
利率6.0%　直接利回り6.0%　最終利回り6.0%
額面15万ドル

50歳 → 59歳（満期）

2,250万円（100ドル）
＋毎年 約108万円（税引後）の利息 → 約**2,250**万円

＊為替レートが1ドル＝150円で同一の場合

り6％）です。

15万ドル分（2250万円）ご購入いただき、毎年の利息は108万円（税引後）となります。期間は9年間なので、高校3年間＋大学4年間に加え、大学院に2年行く場合でも、9年間の学費（およそ1000万円）を利息で賄える計算です。

教育費の負担は非常に重く「教育費貧乏」に陥ると老後資金を用意できない可能性があります。ですので、このお客様のケースでは、高金利のドル建て社債の金利で教育費を用意し、元本はそのまま残せるように考えました。

満期時にお客様は59歳なので、元本は老後資金として債券運用を継続予定です。

❷ 遺産を遺族年金の足しに

【年齢】女性　65歳　【資金の性質】夫の遺産
【運用目的】遺産を運用し利子収入を得たい
【問い合わせのきっかけ】書籍「世界一安心な米国債・ドル建て社債の教科書」
【投資シナリオ】ドル建て社債で運用、満期後は米国債で運用
【投資内容】ドル建て社債（日本のメガバンク発行・普通社債）最終利回り5％　期間9年　額面20万ドルを3100万円で購入
【投資結果】利息年間約138万円（税引後）、月額約11万円を9年間受け取る

ドル建て社債購入事例 2

3,100万円でドル建て社債を購入。安定した利息収入を得たい
60代の方：老後の生活費

元手：3,100万円

ドル建て社債（日本のメガバンク発行普通社債）
期間　9年
利率5.766%　直接利回り5.6%　最終利回り5.0%
額面20万ドル

60歳 → 69歳（満期）

3,100万円（103ドル）→ 約**3,000**万円
＋毎月 約11万円（税引後）の利息

＊為替レートが1ドル＝150円で同一の場合

お二人目は、60代の女性のお客様の事例です。

ご主人の遺産が約5000万円あり、そのうち3000万円をドル建て社債で運用し、利息収入を得たいとのご要望でした。

海外の金融機関は不安だとおっしゃるので、日本のメガバンク発行の普通社債をご購入いただきました。額面20万ドル（3100万円）で、年間約138万円（月額約11万5000円）の利息収入を得ることができます。

この方は遺族年金も支給されていますが、その額はおよそ15万円にすぎません。利息収入のおかげでこれまでと変わらない

生活が送れると、とても喜んでいただけました。

人生100年時代。特に女性は男性に比べて長寿で2人に1人が90歳を迎えます。そのため、女性の場合は60代であれば30年（90歳まで）は余裕をもってカバーできる資産運用をお勧めしております。

このお客様も9年後満期を迎えた際には70代半ばなので、次回はより安全性が高い米国債（20年もの）に切り替えていただく予定です。

❸ドル建て社債3銘柄に分散して安定運用

【年齢】65歳　【職業】退職済
【運用目的】預貯金・退職金の運用
【問い合わせのきっかけ】『【お金の学校】のとチャン』（Youtube）

【投資シナリオ】60～70歳前半までは高利回りのドル建て社債、75以降は安定的な米国債に変えていく予定
【投資内容】5100万円を3社のドル建て社債に分散して運用。ハッピーセット（ドル建て社債　世界トップクラスの保険会社A社、B社、C社）に分散
【投資結果】年間約200万円（月約16万円）の利息収入。満期時には額面100％で償還、さらに700万円殖える

三人目は、退職金と預貯金5000万円以上の資産をお持ちのお客様の事例です。70才まではアクティブに楽しみたい、利回りができるだけ高いほうがよいというご要望でしたので、当時「ハッピーセット」と呼んでいた人気ドル建て社債、3銘柄の組み合わせをご提案しました。

銘柄のうち、2つはヨーロッパの世界トップクラスの保険会社の発行するドル建て

ドル建て社債購入事例 3

5,100万円でお宝て社債3銘柄に分散して購入

65歳の方：退職金の運用

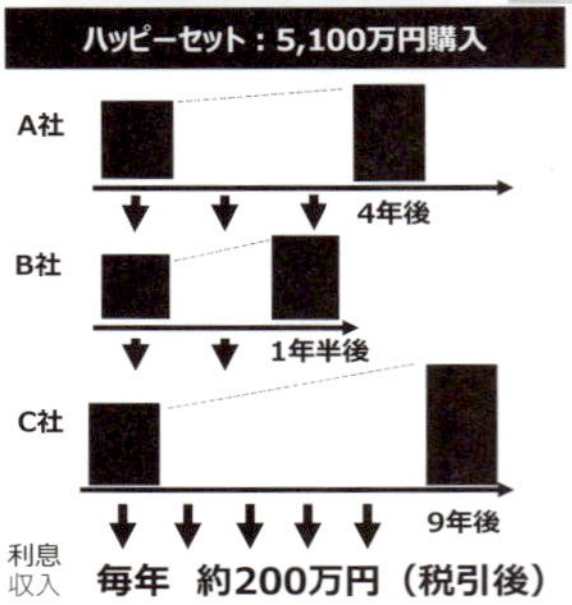

A社 額面金額20万ドル 2,340万円
残存期間 4年
利率3.2% 直接利回り4.0% 最終利回り10.5%

B社 額面金額10万ドル 1,300万円
残存期間 1年半
利率4.5% 直接利回り5.2% 最終利回り13%

C社 額面金額10万ドル 1,460万円
残存期間 9年
利率6.0% 直接利回り6.2% 最終利回り6.5%

元本 約13%UP

約**5,800**万円（税引後）

＊為替レートが1ドル＝150円で同一の場合

社債（劣後債）、１つはアメリカトップクラスの保険会社のドル建て社債を選択しました。

２０２３年10月時点は金利が一番高かった時期だったので、６～10％台の高利回りです。それぞれの銘柄を、20万ドル、10万ドル、10万ドル購入しました。

利息は合わせて年間約２００万円（月約16万円）です。

このように、似た条件の社債でも、発行体や国を分散させたほうがより安全です。３銘柄を組み合わせて満期までの期間や時期をずらすことで、１銘柄満期がきても他の2銘柄がまだ利息を稼いでくれます。次の運用先なども分散できるので、長期で見た場合、より安定運用がしやすいと言えます。

このお客様は、家のリフォームをしたり、新居を建てるお子様に援助をしたりと、毎年プランを立てて楽しく利息をお使いになっています。

第5章

「能登式・米国債＆ドル建て社債のハイブリット運用」で生涯安心の資産づくり

主人の優しさは、空気のようでした。私との時間を大切にしてくれていました。
お金のことは主人にまかせっきりだったけれど、主人がいれば何の心配もありませんでした。
通帳
旅行や外食もよく2人で楽しみました。
ハワイ
末っ子のルミが大学院に通う学費も援助できていました。
そんな穏やかな生活が、ある日突然終わりを告げるなんて。

うっ
うう…
あなた、あなた！
誰か救急車を！

主人は急性大動脈解離で
突然帰らぬ人となりました。
四十九日後

お母さん、わたし大学院をやめて働くことにしたから心配しないで。
なに言ってるの。
お母さんの年金は、お父さんが先になくなるとグッと減るから援助してもらうのは無理だわ。
えっ？今まで月に３０万円ほど年金を頂いていたのよ。
例えば夫婦で３０万円の年金を受け取っていたとして、お父さんが亡くなると、お母さんがもらえるのは遺族年金。
30万円
夫の死亡により
遺族年金に
15万円以下
だから半額の１５万円以下になるわよ。

15万円…
暮らしていくのが
やっとね。
はぁ…
ルミの援助までは。
たくさん旅行行ったり
楽しんだし、
退職金もそんなに
残ってないだろうしね。
ピンポーン
人生100年時代のお金の専門家
能登清文
この度はご愁傷様です。
実は生前にご主人から…

私はご主人の資産運用を担当しておりました。
自分に何かあっても奥様とお子様たちが困らぬような運用をして欲しいと、いつもいつも願っておられました。
あなた…
ご主人は、退職金と預貯金の合計5000万円を世界トップクラスの金融機関数社のドル建て社債に投資をされました。
退職金+預貯金
5,000万円
投資
ドル建て社債
ドル建て社債と呼ばれるものですね。
元本には一切手をつけずに、毎月15万円ほどの利息を旅行などのご家族の楽しみやお嬢様の学費に充てられていました。
そのまま
5,000万円
投資
ドル建て社債
利息
15万円ほど
私が困らないように…お父さん

それだけじゃないんですよ。
実はこのこのドル建て社債は、奥様やお子様に相続することができるんです。
まかせるよ
ありがとう
ドル建て社債
ですから、これからもご主人がはじめられたドル建て社債の運用は、ご家族を守り続けます。
じゃあこれからも年金の15万円に加えて、ドル建て社債の利息の15万円も頂けるのね。
30万円あったら生活も楽に送れるし、ルミちゃんの学費も援助してあげられるわ。
お母さん、ありがとう。
ありがとうを言うのは、お父さんによ。

ご主人のドル建て社債の運用のおかげで、これからも元本を切り崩すことなく、
安心して生活をおくることができます。
確かに、貯金を切り崩していたら、長生きするのも怖くなってしまう。
亡くなってからも、私たちを守ってくれるなんて、お父さんには感謝しかありません。
お父さんって、口下手だったけどずっと考えてくれてたのね。
その後、娘は無事大学院を卒業し、目指していた研究職につくことができました。
そして私も、毎日を穏やかに過ごしています。主人の優しさに包まれながら。

いかがだったでしょうか。最終章の漫画では、

○人生は突然終わることもある
○自分の死後にも家族の生活や教育問題がある
○奥様の遺族年金の受給額は、大幅に減ってしまう
○ドル建て社債運用をしておけば、元本（貯蓄）はそのままで利息がもらえる
○ドル建て社債は家族へ相続できる

ことをお話ししています。

人生100年時代ですが、それでも生きている限り誰もが終わりに向かっています。だからこそ、その瞬間まで人生を最大限に楽しみ、残される家族のためにできることを精一杯やっていきましょう。

そんな願いを叶えていただくために、私がすすめている「能登式〝米国債・ドル建て社債〟運用術を最後にご紹介していきます。

１「使っても元本が減らない」自分年金を作ろう！

ここまで、債券、米国債、ドル建て社債と順を追って説明してまいりました。本章では「能登式」の真骨頂、米国債とドル建て社債を組み合わせたハイブリッド投資についてご説明します。

使っても減らない自分年金を作ろう

能登式では、米国債・ドル建て社債を運用して、利息収入で老後の人生を楽しむことを最終目標にしています。

シニアの方には「利息は毎年受け取り、旅行などの楽しみにどんどん使ってください」とアドバイスしています。利息収入なら元本が減らないので、気兼ねなく使うことができます。

家族や友人と旅行に言ったり家族で食事をしたり、お孫さんにプレゼントを贈ったりと、お金＝愛を回して、人生を楽しんでいただきたいと思います。

老後資金＝自分年金という観点から、一番重視しているのは安心・安全であること、安定した利息を得られることです。

既発債は政策金利の影響を受けますので、購入タイミングよって利息は大きく変動します。通常日本円から米ドルに両替して購入しますので、当然ながら購入時の為替の影響も受けます。

ここ数年、急激に円安が進んだため「こんなにドルが高い時期に買ってよいのだろうか？」という相談をよくお受けしました。

私の答えはいつも決まっていて「早くスタートすることが一番」ということです。為替は常に変動するもので、プロでも正確な予想はできません。詳しくは113ページからのコラムをご参照いただきたいのですが、多少の為替変動は時間が埋めてくれるのです。

現在、最も低リスクである米国債でも1年で約4％の金利がつきます。この差は5年で20％、10年で40％になります。

老後資金の場合、通常退職金をもらった時が、資金力最大のタイミングだと思います。それを預貯金で保有しているとインフレ分目減りし、円安分目減りし（逆の可能性もありますが）、なにより年金不足分を取り崩すことで減ってしまいます。

なので、あまりタイミングにこだわりすぎず、資金量が大きいうちに早めにスタートされるのがよいのではないかと思います。

「能登式」は、米国債とドル建て社債をオーダーメイドで組み合わせる

では、自分年金のポートフォリオとして、米国債・ドル建て社債をどのように選べばよいのでしょうか。

まず前提条件として、米国債・ドル建て社債の既発債は、株のような市場があるわけではありません。各証券会社が顧客から買い取った既発債を再販する形になるのですが、どの会社はどの銘柄をいくらで販売しているのかは未公開情報です。なので、日々地道に各証券会社に問い合わせして確認するしかありません。

つまり、高利回りの既発債を購入できるかどうかは、その証券会社の情報収集力に

かかっているということです。

米国債・ドル建て社債共に、購入時点で利回りが確定します。買ったら後はほったらかしで利息を受け取るだけ。

逆に言えば、どのタイミングでどんな銘柄を購入できるかが全てなので、債券に強い証券会社を選択するようにしてください。

次に重要なのは、その人の個性にあったポートフォリオになるようセレクトすることです。

投資に関するスタンスは人によってさまざまです。

特に投資初心者のシニア層の場合は、最新情報を基にその人に合った銘柄をセレクトしてくれる担当者が必須だと思います。

自分に合った銘柄とは?

資金力（どのくらいの資金を投資できるか）

運用期間（どのくらいの期間運用できるか）
希望の利息額（毎年いくらの利息を受け取りたいか）
資金状況（貯める段階か使う段階か）
マネープラン（教育費、住居費、介護など今後必要になるお金は？）
ライフステージ（現役か引退後か）
ライフプラン（理想の老後像）
老後の収入（年金や他の副収入など）
リスク許容度（安全性重視か利回り重視か）
長期プラン（60歳、65歳、70歳、75歳〜　終活も考える）

長期でプランを考えよう

債券は期限がありますので、いつかは満期を迎えます。

相場は常に変動していますので、満期を迎えた時期に債券利回りが低下していて、思うような利回りで購入や組み換えができないこともあります。

購入タイミングを待っている間は利息が受け取れませんので、その間は利息収入が途切れることになってしまいます。

そのようなリスクを回避するためには、複数銘柄に分散して満期時期をずらすよう、ポートフォリオを組むとよいでしょう。いずれにせよ、将来を見越して長期でプランを考えることが大切です。

米国債とドル建て社債の最適な組み合わせ

米国債とドル建て社債の最適な組み合わせを考えてみましょう。

これは個人の好みもあるのですが、60代~70代前半ぐらいまでは、利息重視でドル建て社債を多く持つのもよいでしょう。

例えば長期の米国利付債（20年以上、約4％）を10万ドル、ドル建て社債（期間5年、約5~7％）を20万ドルというように組み合わせて持つという具合です。（利回りは2024年8月1日時点）

途中でドル建て社債が満期を迎えても、米国債からの利息は継続するので、利息収入が途切れないのも利点です。

次に、70才代以降になると、人によっては長期米国利付債100%にしてもよいと思います。

実は私も、75才ぐらいで米国利付債100%に切り替えるつもりです。なぜかというと、75才以降になると自分の健康状態がどうなるかわからないからです。もちろん元気でいたいとは思っていますが、残念ながら突然病気になったり、認知症になったりする方も少なくありません。

預貯金だけで置いておくという手もありますが、70代から100才まででも、まだ30年間もあります。何も運用しなければ、ただ貯金を取り崩すだけになってしまいます。米国利付債にしておけば、何もしなくても毎年3～4%くらいの利息を20年、25年、30年という長期で得続けることができます。

もし体調が悪くなっても、何も考えられなくても、毎年毎年、利息を得続けることができます。

万一、天国に行ってしまっても、残されたご家族に相続できますので、ずっと奥様、お子様などの生活を守り続けることができます。これ以上の安心感はないでしょう。

米国債・ドル建て社債の最適な組み合わせ例

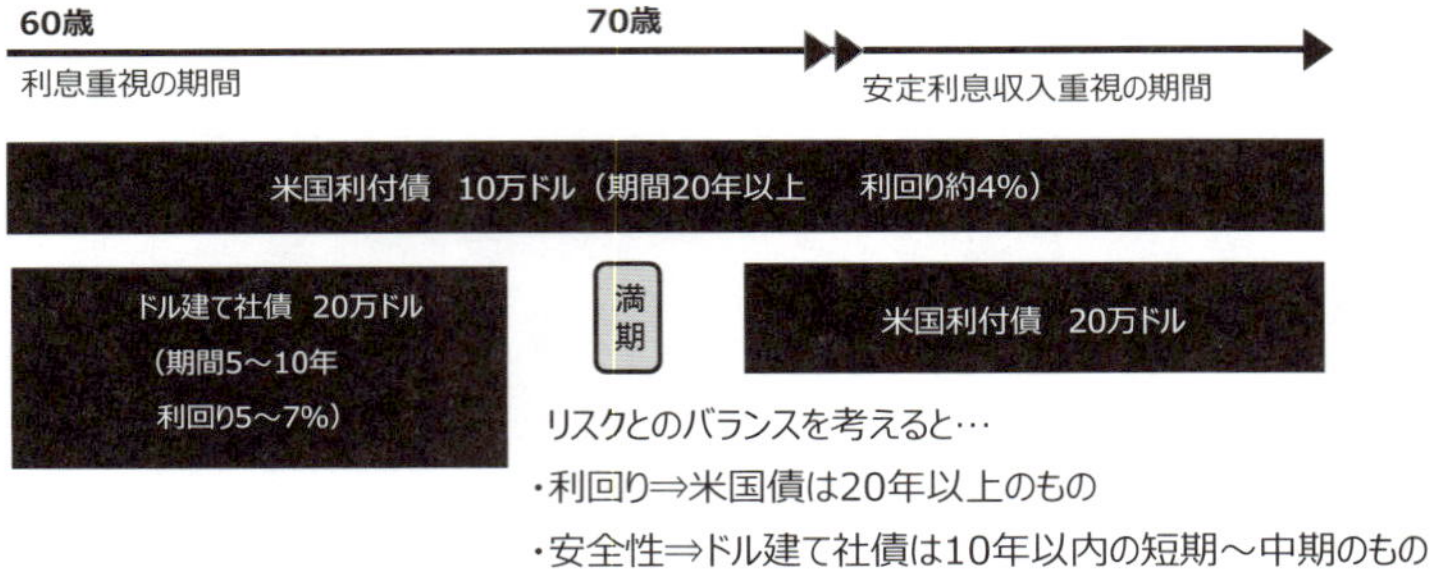

最適な期間の組み合わせ

期間については、米国債は基本的に20年以上のものをお勧めしています。米国債は通常、期間が長いほど安く（利回りが高く）購入できるからです。なお、現在は米国債では逆イールド状態が発生しており短長金利が逆転していますが、これは将来の金利低下（景気悪化）を見越した投資家が「現在の金利を長期で固定しておきたい」と考えるために起こると言われています。長期保有が資産全体のリスクヘッジになることに変わりはありません。

ドル建て社債は、10年以内の短期から中

期のものをお勧めしています。この激動の時代、いくら世界トップクラスの企業とはいえ、10年以上先は読めないからです。

このような考えから、長期の米国債と短中期のドル建て社債を、自分の許容できるリスクと求める利回りから組み合わせていくことになります。

資金が豊富で、より安定的に運用したいという人の場合、ベースに米国債を持ちドル建て社債を複数の銘柄、場合によっては国や地域も分散してお持ちいただいています。

2 シニア世代の「能登式　米国債・ドル建て社債」運用術お勧め必勝シミュレーション

私はIFA（独立系ファイナンシャルアドバイザー）として活動しており、この仕事を始めてから17年、これまで7作の著作を出版、YouTube『【お金の学校】のとチャン』での情報発信も注目を集め、日本では数少ない米国債やドル建て社債運用専門家の一人として各メディアからの取材や、セミナー依頼を数多くお受けしています。

そんな中で、「50代の今から定年まで、どうしたら効率的に貯められますか？」「もう高齢ですが、老後資金の運用はできますか?」といった、シニア層からのご質問を非常に多く頂きました。そこで、本項では老後資金の構築と運用に特化した、米国債とドル建て社債の投資シミュレーションをご紹介します。

50代~の投資シミュレーション

ドル建て社債購入+米国債の積み立てのハイブリッドで貯めながら効率的に殖やす!

50歳のAさんは、堅実に貯蓄を続け、現在1000万円の預金を持っています。子供たちが大学を卒業し教育費の負担がなくなったので、これから月10万円ペースで定年までの15年間、老後資金を貯めたいとお考えです。

このまま金利ゼロの日本の預貯金を継続した場合、Aさんの貯金は15年後、1000万円+10×15×10=2800万円となります。

一方、1000万円の貯金でドル建て社債を購入し、その利息（月換算）月約4万円（税引後）に毎月の貯金額10万円を加え、毎月約14万円で米国債（複利4％）で積み立てた場合を考えてみましょう。

15年後、米国債約3400万円に貯金1000万円と合わせて、合計約4400万円になります。預貯金だけを継続した場合に比べて、約1・5倍にもなるのです。

60代～の投資シミュレーション

定年から年金までの5年間の生活費を補填しながら殖やし、年金受給後は安全性を高めて運用するプラン

Bさんは、60才で定年退職し、退職金2500万円を受け取りました。定年後も雇用延長により65才まで勤務する予定ですが、手取りは大幅に減る見込みです。まだ学生の子供がいるため、退職金を運用して少しでも生活費の足しにしたいと考えています。

２４００万円で、高利回りのドル建て社債　最終利回り７・２％（利率３・２％
直接利回り３・７％　価格85ドル　残存期間５年）を購入した場合・・・

年間約76万円、月額約６・４万円（税引後）の利息収入

もし運用せず、退職金から毎月６・４万円をとりくずした場合、５年で３８４万円も減ってしまいます。

一方、ドル建て社債の場合は、利息収入を使っても元金は減りません。５年後、退職して年金生活に入る頃に、ドル建て社債も満期を迎え満額で償還された時、17万ドル→20万ドル、日本円にすると２４００万円が３０００万円（税引後　約２８８０万円）に殖えています。

その後はより安全性を高めた米国利付債とドル建て社債、半々を組み合わせたポートフォリオにして、その利息を年金の足しにしていく予定です。

70代～の投資シミュレーション

前半はドル建て社債の運用で利息を多く欲しい
後半は米国債にして、自動モードで利息を受け取り続けたい

70才のCさんは、50才の時に購入した期間20年のゼロクーポン債が、今年満期を迎えます。まだ元気なうちに老後生活を楽しみたいので、償還される10万ドル（約１５００万円）はドル建て社債で運用し、できるだけ毎月の利息を多く受け取りたいとのご意向です。

そこで、ドル建て社債　最終利回り５・７％、残存期間５年（利率５・７％　直接利回り５・７％　価格１００ドル）を購入した場合・・・

年間約68万円、月額約5万7千円（税引後）の利息収入

75才を超え、Cさんは体調を崩して入院。その頃ドル建て社債も満期を迎えたため、今後はより安全度が高く手間がかからない、長期の米国利付債への切り替えを希望されました。

満期金10万ドルで、米国利付債　最終利回り4・125％・期間30年（利率4・125％　直接利回り4・125％　価格100ドル）を購入した場合・・・

年間約49万円、月約4万円（税引後）の利息収入

ドル建て社債の場合、期間10年以内の銘柄をお勧めしているため、償還されるたびに次の投資先を選ぶ必要があります。しかし20年以上の期間がある米国利付債であれば、105才まで自動で利息収入を受け取れますし、万一の際にも遺された10歳年下の

奥様が相続して利息を貰い続けることができます。売って現金化することも可能です。

米国債は奥様の年齢で90歳〜１００歳まで利息が入るような運用をお勧めしています。

Ｃさんが20年前に額面10万ドル分の米国ゼロクーポン債を購入した際、必要資金は約５００万円（購入価格50ドル、１ドル＝１００円）でした。そのお金が20年後償還された際には、約１５００万円（額面10万ドルで償還、１ドル＝１５０円）になりました。

その資金で購入したドル建て社債からの利息収入は、５年で総額約３４０万円（税引後）。さらにその後購入した米国利付債から受け取る利息は、30年間で約１４７０万円（税引後）の見込みになります。

20年前の５００万円が、45年間をかけて約6倍以上の総額約３３１０万円に殖えることが期待できます。

これが、日本人がゼロ金利政策下で忘れてしまった金利の力です。その力は、時間が経つごとにとても大きなものになります。

3 能登式　ハイブリッド投資事例

ここから、私のお客様の米国債・ドル建て社債ハイブリッド購入事例をご紹介します。なお、利回り、価格などは購入当時のものなので、同じ条件では購入できない可能性があります。為替は1ドル＝150円で計算しています。

❶ 米国債・ドル建て社債のハイブリッド投資で留学資金を

【年齢】ご夫婦50代　【資金の性質】親の遺産
【運用目的】なるべく減らさず安定運用したい
【問い合わせのきっかけ】『【お金の学校】のとチャン』（Youtube）

【投資シナリオ】米国債（期間30年）とドル建て社債（期間9年）で運用、満期後はほかの米国債、あるいはドル建て社債を購入して運用を続ける。
【投資内容】米国債10万ドル　最終利回りが4・1％　期間30年
ドル建て社債10万ドル　最終利回り6％　期間9年
各1500万円　計3000万円で購入
【投資結果】利息年間約120万円（税引後）、月額約10万円を9年間

親御さんから遺産を継がれたお客様の事例です。

遺産の運用をお考えの方は「親から貰った大切な費用なので、なるべく減らしたくない」という感覚をお持ちのことが多いようです。

とはいえ、せっかく親御さんが遺してくれた資産ですから、より有益に使いたいも

親の遺産を減らさず運用したい

3,000万円で米国債と社債に分散して購入

▌50歳の方：遺産の運用

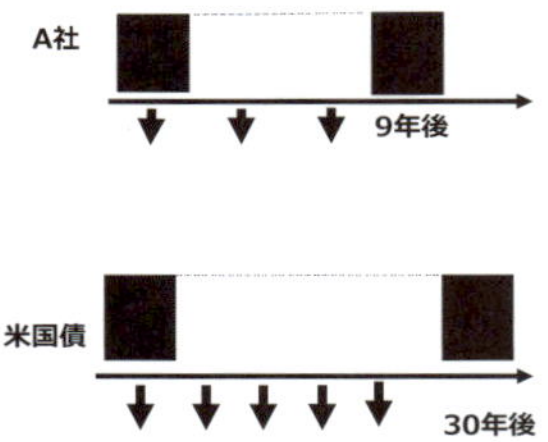

A社 額面金額20万ドル 1,500万円
残存期間 9年
利率6.0% 直接利回り6.0%　最終利回り6.0%

米国債 額面金額20万ドル 1,500万円
残存期間 30年
利率4.125%　直接利回り4.1%　最終利回り4.1%

利息収入　毎年　**約120万円**（税引後）

額面100%償還

約**3,000**万円（税引後）

＊為替レートが1ドル＝150円で同一の場合

の。米国債とドル建て社債を組み合わせることで、リスクを抑えながら高利息を得ることが可能なプランをご提案しました。このケースでは、4％の米国債と6％のドル建て社債を合わせて5％の利回りとなります。

遺産を運用した利息の活用法としてお勧めなのは、お子さんの音楽やスポーツ教室、留学資金など＋アルファの教育資金に使うこと。

特にアメリカやハワイなどへ留学は、ドルがそのまま使えるのでお勧めです。親御さんも、孫の為に資産が役立てば天国で喜んでくれるのではないかと思います。

❷ 不動産売却資金の運用

【年齢】ご夫婦　夫（68歳）妻（61歳）　【職業】医療法人経営者
【運用目的】バランスの取れた運用で毎月の旅行、ゴルフを楽しみたい
【問い合わせのきっかけ】経営者の友人の紹介
【投資シナリオ】不動産売却→ドル建て社債で運用→満期後はほかの米国債、あるいはドル建て社債に乗り換え、運用を続ける。
【投資内容】ドル建て社債Ａ　40万ドル、最終利回り６％　期間８年
ドル建て社債Ｂ　米国債40万ドル　最終利回りが５・４％

期間10年
各6000万円　計1億2000万円で購入
【投資結果】利息年間約540万円（税引後）、月額約45万円を8年間

お子さんが独立されたのを機に、ご夫婦2人には広すぎる一戸建てを売却し、利便性の高い立地にある高級賃貸マンションに転居されたお客様の事例です。売却資金の運用についてご相談にこられました。

安定性と高利回り、バランスの取れた運用をご要望で、ドル建て社債を2銘柄をお勧めし、トータル1億2千万円ご購入いただきました。

A社　アメリカトップクラスの保険会社
B社　アメリカトップクラスの銀行

ドル建て社債2銘柄で利息を多く確保

12,000万円で社債2銘柄に分散して購入

68歳の方：不動産売却資金の運用

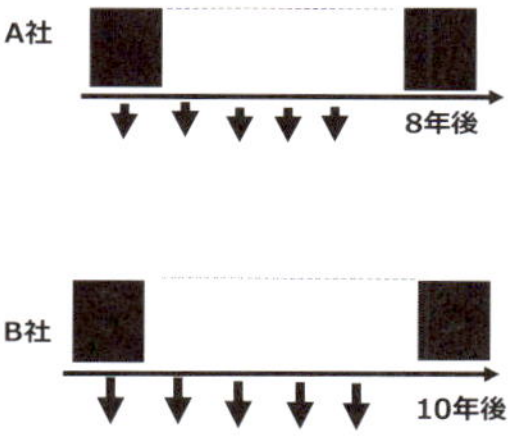

A社 額面金額40万ドル　6,000万円
残存期間 8年
利率6.0% 直接利回り6.0%　最終利回り6.0%

B社 額面金額40万ドル　6,000万円
残存期間 10年
利率5.4% 直接利回り5.4%　最終利回り5.4%

額面100%償還

約 **1億2,000**万円（税引後）

利息収入　**毎年 約540万円（税引後）**

＊為替レートが1ドル＝150円で同一の場合

毎年約540万円（税引き後）月額約45万円の利息収入となります。

高齢になるほど通院や入院、施設入所などの可能性が高くなります。

古い一戸建てから最新設備の駅近マンションに移られて、とても便利で快適な毎日を過ごしておられるそうです。

ご夫婦で毎月の旅行、ゴルフなども満喫されています。

❸ 100歳までのほったらかし運用

【年齢】ご夫婦（夫75歳。妻65歳）
【運用目的】高齢になり判断力が落ちても安定した利息収入を得たい
【問い合わせのきっかけ】既存のお客様
【投資シナリオ】ドル建て社債償還→米国債（30年）で運用、長期安定で利息収入を得る
【投資内容】米国利付債40万ドル　最終利回り4・1％　期間30年　6000万円で購入
【投資結果】利息年間約2000万円（税引後）、月額約16万円を30年間

これまでドル建て社債で運用してきたお客様が75歳を機に、手間のかからない米国債に乗り換えた事例です。

私は、ドル建て社債は10年以内の短期から中期のものをお勧めしています。この激動の時代、いくら世界トップクラスの企業とはいえ、10年以上先は読めないからです。

しかしこれにはデメリットもあります。満期を迎える度に次の投資先を考える必要がありますし、利回りが低い時期に満期を迎えると投資タイミングを待つ必要があり、その間の利息が得られないリスクがあります。

高齢になってから超長期（30年）の米国債に一本化するメリットは、もし認知症などで判断力が低下したり病気になったとしても、決まった利息が30年間にわたって得られることです。

大切な元本を減らさずにすみますし、もし万一自分が先に亡くなった場合でも、奥様が相続して利息をもらい続けることができます。遺族年金の不足分を補い、奥様の生活をずっと守ることができるわけです。

後期高齢者
米国債で生涯の利息確保

6,000万円で米国債を購入

▌75歳の方：老後資金の運用

米国債　額面金額40万ドル　6,000万円
残存期間　30年
利率4.1%　直接利回り4.1%　最終利回り4.1%

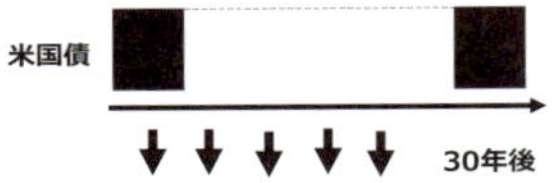

利息収入　**毎年　約200万円（税引後）**

額面100%償還
約**6,000**万円（税引後）

＊為替レートが1ドル＝150円で同一の場合

冒頭の漫画のように、ご主人が途中で亡くなってしまった場合でも、奥様やお子様たちに相続することができます。米国債の場合は10万ドルずつとか5万ドルずつなど、分けやすいのも大きなメリットです。

受け継いだ米国債はそのまま利息を受け取っても良し、売っても良し。流動性が高くすぐに時価で換金できる米国債は、受け継ぐ側にとってもメリットの多い資産だといえます。

おわりに

最後までお読みいただき、ありがとうございました。

8作目の著作となる本書では、特にシニア層の読者の方に利息生活を楽しんでほしいと想い執筆いたしました。

私は、シニア層の老後資金運用で大切なのは、次の3点だと考えています。
① できるだけリスクを減らした安心安全な投資であること。
② 安定した利息収入が得られること。
③ 健康や認知力が衰えた時、ほうっておいても安心に運用できること。
この3点を満たすものが、本書でご紹介している米国債・ドル建て社債による運用です。

私はお金＝愛だと考えています。ですので老後資金は、これまでの人生で愛を蓄えてきた結果となると思います。

お金＝愛を巡らせ、利息収入を得てご自身はもちろん、大切なご家族、ご親戚、ご友人など周囲の方々と笑顔で楽しく思い出いっぱいに過ごす、幸せで充実した老後生活を満喫していただきたいと願っております。

本書の刊行にあたっては、多くの方々にお世話になりました。この場をお借りして御礼申し上げます。

はじめに、難しい債券の内容をわかりやすい漫画にして制作してくださった、株式会社まちおこしの西川興社長、藤井慶副社長には大変感謝しております。

経済評論家の藤巻健史先生、いつも貴重なご意見をいただき、本当にありがとうございます。初出版のご縁をいただいた辻中公さん、倫理法人会に導いていただいた新庄昇さん、いつも父のように応援し続けてくださる木谷昭郎さん、母のように応援してくださる森淳子さん、夢現塾の井内良三さん、永田咲雄さん、水野元也さん、いつも楽しい時間をくださる志村保秀さん、滋賀県倫理法人会の後藤敬一会長、開運モンスター吉川真実さん、朝活おとまなメンバーの皆さん、午前3時の手帳会の皆さん、ビジネスYouTuberの学校で大変お世話になった鴨頭嘉人さん、ヒロキングさん、この場に書ききれないのですが、本当に多くの皆さんに感謝しています。

また、前作に引き続き本書の企画立案・製作進行を担当してくださった夢パブリッシング編集長の大熊賢太郎さん、編集ライターの河西麻衣さん、版元のごま書房新社池田雅行社長にも、大変お世話になりました。

もちろん、お客様、取引先様、当社を応援してくれている地域の皆様、全国の仲間のおかげで日々の私があります。感謝でいっぱいです。

いつも笑顔で一所懸命に働き、助けてくれる社員のみんなもありがとう！

そして、私を生んでくれた両親、いつも支え続けてくれている妻の潤子、いつも笑顔で元気をくれる3人の子どもたち、ありがとう。愛しています。父は家族の喜び・幸せ・笑顔をいつも一番に考えています。

皆様のお金＝愛がますます巡り巡りて、喜びいっぱい溢れますことをお祈りしています。

２０２４年８月　富士山が見える山中湖のホテルにて

能登　清文

本書の内容をかんたんにまとめた動画もご用意しています。
お読みになった後にご覧いただけるとより理解が深まるかと思います。
http://www.a-life.co.jp/17255295672001

スマホから
はこちら

能登清文の活動・事業内容

本書をご購読いただき誠にありがとうございます。文中でお伝えした通り、私は個人様、経営者様、事業者様、企業様などこれまで2000人以上の資産運用をお手伝いさせていただいてきました。もし、本書をお読みになり生涯安心できるお金との付き合い方にご関心を持たれた方はぜひお気軽にご相談ください。皆さまのために全力でサポートさせていただきます。また、米ドルをはじめ、資産運用についてのセミナーや講演の講師もお引き受けしております。私は滋賀県在住ですが、北海道から九州まで講演の実績があります。こちらもぜひお声がけください！

個人様（経営者様）サポート

●トータルライフ（ファイナンシャル）プランニング
・米ドル、米国債、社債などの安定利回りでの資産運用
・保険見直し　・相続税対策　　ほか

法人・医療法人サポート

●100年企業創りトータルサポート
・米ドル、米国債、社債などを用いた資産運用や資金調達
・純資産増加、資産防衛　・保険診断・最適化　・役員、従業員退職金積立
・事業承継対策（自社株対策）　ほか

講師活動・執筆活動

・著書8作出版（2016年～2024年）
・米ドル、米国債、社債などの資産運用　・ライフプランニング
・人間繁盛、商売繁昌　・リスクマネジメント（保険最適化）

能登清文へのお問い合わせ

※ご相談、サポートは、通常は紹介のみで対応をさせていただいています。
お問合せ時には「米国債の本を読んだ」と必ずお伝えください。

株式会社クオリティライフ（滋賀県草津市）

◇能登清文 LINE公式（【お金の学校】のとチャン）

【ID：@notochan】

・著者プロフィール

能登 清文（のと きよふみ）

1967年生まれ、滋賀県在住。株式会社クオリティライフ代表、退職金ファイナンシャルプランナー（CFP）、IFA（独立系ファイナンシャルアドバイザー）財務・金融コンサルタント、100年企業クリエイター、保険代理店、金融商品仲介業経営。株式会社プランドゥ取締役、滋賀県倫理法人会 元会長、和の心を愛する人生100年時代のお金の専門家、YouTube〔お金の学校〕のとチャン先生。

大学卒業後、一部上場企業キーエンスの生産管理、営業サポート部門で15年活躍。アリコジャパンへ転職、持ち前の企画力で入社1年目より、MDRT入会を達成。その後、滋賀県にて独立起業し企業や経営者向けに「豊かな心、豊かな人生を創るための生涯のパートナーを目指し、生涯の安心を提供し続ける」を理念に事業承継や保険、資産運用のサポートをおこなっている。また、その効果と斬新な内容が話題を呼び、講演依頼や全国の経営者からの相談も増え続けている。

著書に『世界一安心な“米国債・ドル建て社債”の教科書』『世界一堅実な“米ドル”投資の教科書』（共にごま書房新社）ほか累計8作。

・株式会社クオリティライフ　http://www.q-life.co.jp

・能登清文Youtubeチャンネル【お金の学校】のとチャン
https://www.youtube.com/@noto-chan

利息生活で老後を楽しむ！
“米国債・ドル建て社債”の教科書
～ほうっておいても殖える資産運用術～

著　者	能登 清文
発行者	池田 雅行
発行所	株式会社 ごま書房新社 〒167-0051 東京都杉並区荻窪4-32-3 AKオギクボビル201 TEL 03-6910-0481（代） FAX 03-6910-0482
企画・制作	大熊 賢太郎（夢パブリッシング）
カバーデザイン	堀川 もと恵（@magimo創作所）
DTP	海谷 千加子
編集協力	河西 麻衣
印刷・製本	精文堂印刷株式会社

ISBN978-4-341-08869-9 C0034